U0827739

PPP助力医养结合，老有所依、老有所养、老有所乐

# 医疗与养老PPP

陈青松　唐琳　连国栋 ◎ 编著

企业管理出版社
ENTERPRISE MANAGEMENT PUBLISHING HOUSE

图书在版编目（CIP）数据

医疗与养老PPP / 陈青松，唐琳，连国栋编著．--
北京：企业管理出版社，2018.12

ISBN 978-7-5164-1834-5

Ⅰ．①医… Ⅱ．①陈… ②唐… ③连… Ⅲ．①医疗保
障－政府投资－合作－社会资本－研究－中国②养老－社
会服务－政府投资－合作－社会资本－研究－中国 Ⅳ．
① D669.6 ② R197.1 ③ F832.48 ④ F124.7

中国版本图书馆 CIP 数据核字 (2018) 第 259449 号

---

书　　名：医疗与养老PPP
作　　者：陈青松　唐琳　连国栋
责任编辑：宋可力
书　　号：ISBN 978-7-5164-1834-5
出版发行：企业管理出版社
地　　址：北京市海淀区紫竹院南路17号　邮编：100048
网　　址：http://www.emph.cn
电　　话：编辑部（010）68416775　发行部（010）68701816
电子信箱：qygl002@sina.com
印　　刷：中煤（北京）印务有限公司
经　　销：新华书店
规　　格：710mm × 1000mm　1/16　18印张　226千字
版　　次：2018年12月第1版　2018年12月第1次印刷
定　　价：68.00元

---

版权所有　翻印必究 · 印装有误　负责调换

# 前　言

## 老有所依、老有所养、老有所乐

地不分东西南北，人不分男女老少，“老有所依、老有所养、老有所乐”是每个人所追求的目标。

近年来，我国老龄化进程不断加快。截至 2017 年底，我国 60 岁及以上老年人口有 2.41 亿人，占总人口的比例为 17.3%。我国从 1999 年进入人口老龄化社会到 2017 年，老年人口净增 1.1 亿。其中，2017 年新增老年人口首次超过 1000 万。据预测，到 2020 年，我国 60 岁以上老年人口将达到 2.43 亿人，占总人口的比例为 18% 左右；2050 年，我国老年人口将达到 4.83 亿人，每 3 个人中就有 1 个老年人。

面对越来越严峻的老龄化趋势，急需专业的养老机构提供相关的养老服务。然而，目前我国养老服务专业机构缺口大，养老服务人员严重不足，养老服务成为养老产业发展的一个明显短板。

此外，传统的养老机构重点是为老年人提供吃、穿、住、行等方面的基本服务，养老产品形式单一、服务低端，缺乏专业的医疗服务，其发展水平无法满足人民群众日益增长的高品质养老需求。在这种现实背景下，医疗服务和养老服务的结合将是我国积极应对人口老龄化的有效举措。

随着社会的不断进步，一种新的养老模式“医养结合”在全国各地悄然兴起。何谓“医养结合”？“医养结合”是指在为老年人提供基本养老服务（生活照料和精神慰藉）的基础上，为老年人提供疾病诊治护理、健康检查、大病康复、临终关怀等医疗服务的一种综合服务方式。“医养结合”是将医疗资源与养老资源相结合，实现社会资源利用最大化的新型卫生服务模式，它是把老年医疗健康服务放在首位，将养老机构和医院的功能相结合，把生活照料和康复关怀融为一体的“医养一体化”的养老模式。“医养结合”模式结合了医疗和养老二者的优点，属于强强联合、优势互补。医养结合，从社会效益上来说，解决了医疗机构床位紧张和养老机构老人治疗疾病的问题；从经济效益上来说，养老机构获得了更多的收入。

我国医疗与养老市场潜力巨大，为医疗与养老 PPP 发展提供了良好的外部条件。通过大力发展医疗与养老 PPP，对于提高老年人养老服务水平、拉动地方经济增长、解决劳动力就业、培养专业的医护人才队伍等都有重要的作用。

本书重点对医疗与养老行业背景以及医疗与养老 PPP 的发展情况、实操要点、投融资模式进行了阐释；同时，本书对国外的医疗与养老模式也进行了阐述。

医疗与养老结合是大势所趋，PPP 模式亦刚刚兴起，二者均是我国经济发展的热点。本书既有关于 PPP 模式的宏观理论研究，也有具体的医疗与养老 PPP 项目典型案例解读，读者阅读后应对医疗与养老 PPP 有更深刻的理解。

本书可供各级政府决策部门、各类社会资本、医疗与养老企业、金融机构，以及研究、操作医疗与养老 PPP 项目的经济和金融学者、企业高管等广大群体参考使用。

陈青松　唐琳　连国栋

2018 年 7 月 1 日

# 目录

# 第一章

# 我国医疗与养老行业现状

## 导　读

我国养老行业大数据

我国的医疗养老支持政策

我国养老健康市场巨大

# 我国养老行业大数据

我国已经进入老龄化社会。那么，当下的老龄化社会到底有多“老”？五年后将有多“老”？十年后、二十年后又将有多“老”？数据往往最有说服力。

## 一、从大数据看待我国的老龄化

### （一）静态数据看待我国老龄化

老龄化社会是指老年人口占总人口的比例达到或超过一定比例的人口结构模型。按照联合国的传统标准是一个国家或地区 60 岁以上老年人口占总人口的比例达到 10%，新标准是 65 岁老年人口占总人口的比例达到 7%，即该国家或地区进入老龄化社会。国家统计局《2014 年国民经济和社会发展统计公报》显示：2014 年，我国 13.67

亿人口中，60 岁及以上的老年人口为 2.12 亿人，占总人口的比例为 15.5%；65 岁及以上老年人口为 1.37 亿人，占总人口的比例为 10.1%。2015 年底，全国 60 岁以上老年人口达 2.22 亿人，占总人口的比例为 16.1%[①]；65 岁以上老年人口达 1.44 亿人，占总人口的比例为 10.5%。因此，无论是 60 岁以上老年人口占人口总数的比例，还是 65 岁以上老年人口占人口总数的比例，我国都双双“达标”，已步入老龄化社会。

### （二）动态数据看待我国老龄化

2000 年 11 月底，我国开展全国第五次人口普查，60 岁以上人口达 1.3 亿人，占总人口的比例为 10.2%；65 岁以上老年人口已达 8811 万人[②]，占总人口的比例为 6.96%。从 65 岁以上人口占总人口的比重来看，1982 年为 4.9%，1990 年为 5.6%，2000 年为 6.96%，2010 年为 8.9%，2014 年为 10.1%，2015 年为 10.5%。由上述数据可见，按国际标准，以 2000 年为分界线，我国正式开始进入老龄化社会。而从这十几年的发展情况来看，我国的老龄化正呈加速度上升状态。

### （三）预测数据看待我国未来老龄化趋势

我们先来看一看老龄化社会的分类：按照人口老龄化的程度划分，65 岁以上人口如果占总人口的比例达到 14%，为深度老龄化社会；这个比例如果达到 20%，那么就是名副其实的超级老龄化社会。国家统计局统计公报数据显示：我国目前 65 岁及以上人口占总人口的比例离深度老龄化的标准不到 4 个百分点。不仅如此，我国人口的老龄化有加速迹象。截至 2017 年底，我国 60 岁及以上老年人口为 2.41 亿人，占总人口 17.3%。到 2020 年，我国 65 岁以上老年人

① 根据国家卫生计生委 2017 年的一项数据，到 2020 年，我国 60 岁及以上老年人口将达 2.55 亿左右，占总人口的 17.8% 左右。

② 与 1953 年第一次人口普查 65 岁以上老年人口为 2620 万人相比较，47 年中增长了 2.36 倍，年均递增 2.6%，快于全国人口递增 1.6% 的一个百分点。

口将达 1.67 亿人，约占世界老年人口总数的 24%。届时，全世界每 4 个老人之中就有 1 个来自中国。

据世界卫生组织预测，到 2050 年，我国将有 35% 的人口超过 60 岁，成为世界上老龄化最严重的国家。而据我国权威部门预计，2020 年，我国 60 岁以上老人将达到 2.43 亿人，占总人口的比例为 18%；2025 年，我国 60 岁以上老人将达到 3 亿人，占总人口的比例为 21%，65 岁以上老人占总人口的比例为 13.7%；2027 年，我国 65 岁以上老人占总人口的比例高于 15%，正式进入深度老龄化社会；2030 年，我国 65 岁以上老人占总人口的比例将达到 16.2%；2040 年，我国 60 岁以上老人占总人口的比例将达到 30%，65 岁以上老人占总人口的比例将达到 22%，进入超级老龄化社会；2050 年，我国 60 岁以上老人数量将达到 4.34 亿人，占总人口的比例达到 31%，65 岁以上老人占总人口的比例会达到 25%，达到目前我国的近邻日本的水平。

### （四）我国老龄化与世界老龄化的横向比较

据联合国预测，1990—2020 年世界老龄人口平均年增速度为 2.5%，我国同期老龄人口的递增速度为 3.3%。世界老龄人口占总人口的比重从 1995 年的 6.6% 上升至 2020 年 9.3%，我国同期这一数据是由 6.1% 上升至 11.5%。分析发现，无论从增长速度还是从占比来看，我国老龄化情况都要较世界老龄化情况严重得多。

再将我国老龄化进程与发达国家老龄化进程相比：发达国家老龄化进程长达几十年至一百多年，比如法国用了 115 年，瑞士用了 85 年，英国用了 80 年，美国用了 60 年。而我国仅用了 18 年的时间就快速进入了老龄化社会，比世界上发达国家的平均速度快了近半个世纪。不仅如此，我国的老龄化速度还在加快。

专业人士指出，我国的老龄化拥有两个“世界第一”：一是老龄人口数量世界第一；二是老龄化速度世界第一。

## 二、我国养老服务行业现状

面对越来越严峻的老龄化，急需专业的养老机构提供大量的养老服务。研究表明，目前我国养老机构和服务人员供需差异大，养老服务成为养老产业发展的一个明显短板。

### （一）养老机构床位缺口大

随着我国经济的快速发展，人们的生活水平和生活质量日益提高。一方面，人们居家养老的观念正逐步改变，对机构养老、生态养老的需求持续增长；另一方面，受计划生育政策的影响，相当一部分老年人群处于无法居家养老的困境。虽然有越来越多的老年人倾向于机构养老，但现实情况却是养老机构的供给量存在严重的缺口，养老床位与老年人的巨量需求不成比例。

我国的养老服务发展还处于初期阶段。数据显示：2015 年底，全国 60 岁以上老年人口达 2.22 亿人，65 岁以上老年人口达 1.44 亿人；另一方面，民政部统计，目前全国各类养老服务机构和设施不足 10 万个。在养老床位方面，我国养老机构各类养老床位近 580 万张，每千名老年人拥有养老床位只有 27.2 张，远低于发达国家 50~70 张的水平，也远低于根据“9073”养老模式（即 90% 老年人居家养老，7% 老年人社区养老，3% 老年人机构养老）测算出来的养老床位需求量。

根据全国老龄委公布的数据，未来我国大中城市老年空巢家庭率将高达 70%。而以传统养老院为代表的养老机构数量目前远远不能满足市场需求。以北京为例，目前北京全市的养老院床位约为 8 万张。其中，公立养老院几乎没有一张空置的床位。

### （二）养老服务专业机构人才缺口大

调研发现，我国老人照护的需求越来越大，目前有专业性的居家护理服务能力的人才缺口极大。专业护理人才队伍的培养需要正规的院校教学，更主要的还是行业专业培训机构培育发展。

### （三）养老服务人员严重不足

普华永道预测，中国养老院床位的需求量将从2015年的659万张增至2025年的1285万张。参照3个老年人配备一个护理员的国际标准，我国养老服务从业人员严重不足。此外，相比发达国家的养老服务模式，我国养老机构服务模式比较单一。比如针对不同需求的老人群体，养老机构提供服务的内容和方式差别模糊，区分度不高。

## 三、老年人医疗健康市场规模

老年人群体越来越大，与之相应的则是老年人医疗健康市场日益庞大。据调查，高血压、心脑血管病、糖尿病等成为老年人的常见病。《中国心血疾病报告2014》显示：我国城市和农村60岁（含）以上的老年人高血压患病率分别为61.8%和56.4%。我国每年用于管理高血压这一项的医疗费用就高达366亿元。根据消费者协会的调查，医疗保健费用大约占到老年人总支出的19%，老年人医疗保健支出规模超过8000亿元。

# 我国的医疗养老支持政策

一方面，我国养老产业发展仍处于起步阶段，无论是养老机构数量，还是养老机构服务质量、服务模式都与社会公众的需求有较大的差距；另一方面，人民群众对生活质量的要求也越来越高。因此，国家从顶层设计层面加大对医疗养老的政策支持，是我国医疗养老事业快速发展的重要保障。

## 一、养老政策接连释放

近几年来，我国频频出台养老政策以引导各类资本进入养老产业。养老服务开始从鼓励非营利性转向运营主体多样化发展。根据《国务院关于加快发展养老服务业的若干意见》（国发〔2013〕35 号）的精神，为了充分发挥市场在资源配置中的决定性作用和更好地发挥政府作用，逐步使社会力量成为发展养老服务业的主体，2015 年

2月，民政部、国家发展改革委、教育部等10部委联合发布《关于鼓励民间资本参与养老服务业发展的实施意见》，提出鼓励民间资本参与居家和社区养老服务、机构养老服务、养老产业发展的具体举措，并就推进医养融合发展、完善投融资政策、落实税费优惠政策、加强人才保障、保障用地需求等做出了相关规定和政策优惠。加强社会力量在养老产业的中坚力量，为我国未来养老产业的完善发展奠定了坚实的基础。

2017年2月，由国务院发布的《“十三五”国家老龄事业发展和养老体系建设规划》进一步落实养老主题的发展与未来规划。此外，浙江、北京、江苏、安徽等省市也相继出台了养老服务规划，我国养老产业发展可期。

近年来，我国不断出台的相关养老政策如表1–1所示。

表1–1　　我国相关养老政策

| 时间 | 政策名称 | 出台部门 | 主要内容 |
|---|---|---|---|
| 2000 | 《关于对老年服务机构有关税收政策问题的通知》 | 财政部、国家税务总局 | 暂免福利性、非营利性的老年服务机构的企业所得税。 |
| 2006 | 《中国老龄事业发展“十一五”规划》 | 全国老龄委 | 提出“十一五”期间我国在养老保障、医疗保险、社会救助等方面要实现的目标和任务。 |
| 2006 | 《关于加快发展养老服务业意见的通知》 | 国务院办公厅 | 大力发展社会养老服务机构，鼓励发展居家老人服务业务。 |
| 2008 | 《关于全面推进居家养老服务工作的意见》 | 全国老龄办等10部委 | 全面推进居家养老服务。 |
| 2011 | 《中国老龄事业发展“十二五”规划》 | 国务院 | 研究探索长期护理制度，将养老纳入经济发展规划。 |

续表 1-1

| 时间 | 政策名称 | 出台部门 | 主要内容 |
| --- | --- | --- | --- |
| 2011 | 《社会养老服务体系建设规划 2011—2015》 | 国务院办公厅 | 提出社会养老服务体系应以居家为基础、社区为依托、机构为支撑，重点推进供养型、养护型、医护型养老设施建设。 |
| 2012 | 《关于鼓励和引导民间资本进入养老服务领域的实施意见》 | 民政部 | 民办养老机构免征营业税，根据投资额、建设规模给予一定补贴。 |
| 2013 | 《关于加快发展养老服务业的若干意见》 | 国务院 | 文件提出：到 2020 年，全面建成以居家为基础、社区为依托、机构为支撑的功能完善、规模适度、覆盖城乡的养老服务体系。 |
| 2014 | 《关于做好养老服务业综合改革试点工作的通知（含清单）》 | 民政部 | 结合申报地区养老服务业发展实际，确定北京市西城区等 42 个地区为全国养老服务业综合改革试点地区。 |
| 2014 | 《关于做好政府购买养老服务工作的通知》 | 财政部、国家发展改革委等部委 | 以老年人基本养老服务需求为导向，将政府购买服务与满足老年人基本养老服务需求相结合，优先保障经济困难的孤寡、失能、高龄等老年人的服务需求。 |
| 2014 | 《关于加快推进健康与养老服务工程建设的通知》 | 国家发展改革委 | 重点加强健康服务体系、养老服务体系和体育健身设施建设。2015 年，每千名老人有床位 30 张，2020 年达到 35~40 张。 |
| 2014 | 《关于推动养老服务产业发展的指导意见》 | 商务部 | 服务设施不断充实，服务内容和形式不断丰富，服务队伍不断扩大。 |

续表 1–1

| 时间 | 政策名称 | 出台部门 | 主要内容 |
| --- | --- | --- | --- |
| 2015 | 《关于鼓励民间资本参与养老服务业发展的实施意见》 | 民政部、国家发展改革委等部委 | 推进医养融合发展，鼓励社会力量举办规模化、连锁化机构，并对其免征营业税，涉及土地使用权转让、不动产转让不征收增值税、营业税。 |
| 2015 | 《关于进一步做好养老服务业发展有关工作的通知》 | 国家发展改革委、民政部等部委 | 强调要统筹推进养老服务业综合改革试点，扎实推进健康与养老服务重大工程建设，积极推动养老服务业创新发展。要求探索建立多元化投融资模式，有力维护养老服务业发展环境，重点支持社区居家养老服务设施建设项目、居家养老服务网络。 |
| 2015 | 《关于开发性金融支持社会养老服务体系建设的实施意见》 | 民政部、国家开发银行 | 支持养老机构建设项目、养老服务人才培训基地建设项目、养老产业相关项目。 |
| 2015 | 安徽省《城乡养老服务体系建设实施办法》 | 安徽省民政厅、省财政厅 | 以满足中低收入老年群体基本养老服务需求为重点，积极支持和引导社会力量参与养老服务，逐步建立多元化、多层次、多形式的养老服务体系。 |
| 2015 | 《关于推进医疗卫生与养老服务相结合的指导意见》 | 国家卫生计生委、民政部、国家发展改革委等部委 | 文件提出：建立健全医疗卫生机构与养老机构合作机制，支持养老机构开展医疗服务，推动医疗卫生服务延伸至社区、家庭，鼓励社会力量兴办医养结合机构，鼓励医疗卫生机构与养老服务融合发展等。 |

续表 1–1

| 时间 | 政策名称 | 出台部门 | 主要内容 |
| --- | --- | --- | --- |
| 2015 | 北京市《关于经济困难的高龄和失能老年人居家养老服务工作中有关服务事项的通知》 | 北京市民政局、北京市老龄工作委员会办公室 | 开展经济困难的高龄和失能老年人居家养老服务工作，由现有北京通—养老助残卡服务队伍中的养老机构、养老照料中心、养老服务公司等专业的养老服务类企业或社会组织提供。 |
| 2016 | 国务院批转国家发展改革委《关于2016年深化经济体制改革重点工作的意见》的通知 | 国务院、国家发展改革委 | 第（十）条，完善服务业发展体制，提到：深化养老服务业综合改革试点，全面放开养老服务市场，鼓励民间资本、外商投资进入养老健康领域，提高养老服务质量，推进多种形式的医养结合，增加有效供给。 |

表 1–1 资料来源：根据公开资料整理。

## 二、医疗政策频频出台

“健康中国 2020”战略明确提出：到 2020 年，我国主要健康指标基本达到中等发展中国家的水平，人均预期寿命将从 2005 年的 73 岁增加到 2020 年的 77 岁，卫生总费用占 GDP 的比重要增加到 6.5%~7%，提高近两个百分点。

近年来，我国医疗政策频频出台，尤其是 2017 年，国务院、国家卫生计生委等部门相继发布多项政策法规，助力行业步入规范发展的快车道，如表 1–2 所示。

表 1–2　近年来我国医疗政策（部分）

| 时间 | 政策名称 | 出台部委 | 主要内容 |
| --- | --- | --- | --- |
| 2013 | 《关于促进健康服务业发展的若干意见》 | 国务院 | 文件提出：到 2020 年，健康服务业总规模将达到 8 万亿元以上。 |

续表 1-2

| 时间 | 政策名称 | 出台部委 | 主要内容 |
| --- | --- | --- | --- |
| 2015 | 《关于促进社会办医加快发展的若干政策措施》 | 国务院办公厅 | 进一步放宽准入门槛，拓宽投融资渠道，促进资源流动和共享，优化发展环境。 |
| 2017 | 《“十三五”深化医药卫生体制改革规划》 | 国务院 | 全面深化医药卫生体制改革，推进健康中国建设。 |
| 2017 | 《“十三五”卫生与健康规划》 | 国务院 | 到 2020 年，覆盖城乡居民的基本医疗卫生制度基本建立，实现人人享有基本医疗卫生服务。 |
| 2017 | 《关于在公立医疗机构药品采购中推行“两票制”的实施意见（试行）的通知》 | 国务院医改办 | 要求在公立医疗机构药品采购中逐步推行“两票制”，鼓励其他医疗机构药品采购中推行“两票制”。 |
| 2017 | 《关于印发国家基本医疗保险、工伤保险和生育保险药品目录（2017 年版）的通知》 | 人社部 | 新版“医保目录”是基本医疗保险制度建立以来的第四次医保目录调整，与上一次调整时隔 8 年。本版目录中西药和中成药部分共收载药品 2535 个，较 2009 年版目录增加了 339 个，增幅约为 15.4%。 |
| 2017 | 《关于进一步深化基本医疗保险支付方式改革的指导意见》 | 国务院办公厅 | 2017 年起，将进一步加强医保基金预算管理，全面推行以按病种付费为主的多元复合式医保支付方式。 |
| 2017 | 《关于全面推开公立医院综合改革工作的通知》 | 国家卫生计生委等 7 部委 | 要求深化医疗、医保、医药三医联动，增强改革的系统性、整体性和协同性。 |

续表 1-2

| 时间 | 政策名称 | 出台部委 | 主要内容 |
|---|---|---|---|
| 2017 | 《关于推进医疗联合体建设和发展的指导意见》 | 国务院办公厅 | 全面启动多种形式的医疗联合体建设试点。 |
| 2017 | 《关于建立现代医院管理制度的指导意见》 | 国务院办公厅 | 首次全面规范阐述了现代医院管理制度，提出“权责清晰、管理科学、治理完善、运行高效、监督有力”的20字内涵。 |
| 2017 | 《关于深化“放管服”改革激发医疗领域投资活力的通知》 | 国家卫生计生委 | 要求进一步简化医疗机构审批程序，对二级及以下医疗机构的设置审批与执业登记“两证合一”。 |
| 2017 | 《关于深化审评审批制度改革鼓励药品医疗器械创新的意见》 | 中共中央办公厅、国务院办公厅 | 为促进药品医疗器械产业结构调整和技术创新提供了政策支持。 |
| 2017 | 《关于印发康复医疗中心、护理中心基本标准和管理规范（试行）的通知》 | 国家卫生计生委 | 明确鼓励社会力量举办康复医疗中心、护理中心。要“打通专业康复医疗服务、临床护理服务向社区和居家康复、护理延伸的‘最后一公里’”。 |

表 1-2 资料来源：根据公开资料整理。

## 三、健康产业顶层设计逐步形成

我国健康产业顶层设计逐渐形成。2013 年，国务院印发《关于促进健康服务业发展的若干意见》，提出要在切实保障人民群众基本医疗卫生服务需求的基础上，充分调动社会力量的积极性和创造性，着力扩大供给、创新发展模式、提高消费能力，促进基本和非基本健康服务协调发展。力争到 2020 年，基本建立覆盖全生命周期、内涵丰富、结构合理的健康服务业体系，健康服务业总规模达到 8 万亿元以上。

2016 年，国务院发布《“健康中国 2030”规划纲要》，指出应积极促进健康与养老、旅游、互联网、健身休闲、食品融合，催生健康新产业、新业态、新模式。发展基于互联网的健康服务，鼓励发展健康体检、咨询等健康服务，促进个性化健康管理服务发展，培育一批有特色的健康管理服务产业，探索推进可穿戴设备、智能健康电子产品和健康医疗移动应用服务等发展。培育健康文化产业和体育医疗康复产业。制定健康医疗旅游行业标准、规范，打造具有国际竞争力的健康医疗旅游目的地。大力发展中医药健康旅游。打造一批知名品牌和良性循环的健康服务产业集群，扶持一大批中小微企业配套发展。引导发展专业的医学检验中心、医疗影像中心、病理诊断中心和血液透析中心等。支持发展第三方医疗服务评价、健康管理服务评价以及健康市场调查和咨询服务。鼓励社会力量提供食品药品检测服务。完善科技中介体系，大力发展专业化、市场化医药科技成果转化服务。

我国医疗养老产业和健康产业顶层设计逐渐形成，为我国医疗养老和康养产业的发展提供了大好的政策环境，我国医疗养老和康养产业发展迎来重要的战略机遇期。

# 我国养老健康市场巨大

近年来，我国经济快速发展，人们的生活水平和质量越来越高，养老观念发生很大变化，由居家养老趋向于专业养老机构养老，养老健康市场巨大，前景广阔。

## 一、我国正处于养老产业发展的中期阶段

专业分析认为，养老产业的发展可以分为3个阶段：老龄化初期、老龄化中期、老龄化后期，我国现正处于养老产业发展的中期阶段——老龄化中期。

### （一）老龄化初期

养老产业的第一阶段为老龄化初期。这一阶段，国家经济欠发达，社会保障体系不健全，政府为养老服务机构的运营主体，由政

府为社会提供基本的养老服务。

### （二）老龄化中期

养老产业的第二阶段为老龄化中期。在这一阶段，老龄人口逐步增长，养老服务机构的需求也随之快速增长，但养老产业的市场化基础仍比较薄弱，政府财政实力有限，无法独立承担整个社会快速增长的养老需求，需要借助外力完成这项公共服务，即需要引入社会资本与政府合作——建设和运营养老服务机构。由于养老产业本身盈利不高，为了激发社会资本参与养老事业的积极性、保障社会资本的利益，政府则给予财政、税收等政策支持以及相关补贴。

### （三）老龄化后期

养老产业的第三阶段为老龄化后期，与前两个阶段不同的是：虽然此时老龄人口也在快速增长，但养老产业市场化机制基本成熟，政府与社会资本提供的养老服务也有比较明确的分工，即政府主要负责部分公益性质的养老服务，社会资本则负责提供大部分的养老服务需求。

综合各方面实际情况来看，目前我国正处于养老产业发展的中期阶段：一是社会老龄人口不断增长，老年人对养老服务机构的数量需求越来越大，对养老服务的质量要求越来越高；二是长期以来，我国社会公共服务的基础比较差，养老产业的市场化基础比较薄弱；三是我国地方债务风险和财政压力较大，无法独立承担整个社会快速发展的养老需求。

近年来，地方政府融资平台风险成为目前国内金融体系最严重的三大风险之一。中国社科院估算，地方政府总负债已超过30万亿元。国家审计署发布的数据显示：截至2013年6月，我国地方性政府债务是17.9万亿元。地方政府偿还责任债务以市县级为主，其中，市级占44.5%，县级占36.4%；省级和乡级比重不高，分别占16.3%

和 2.8%。从用途看，市政建设占 37.5%、土地收储占 16.7%、交通运输设施建设占 13.8%、保障性住房占 6.8%、教科文卫占 4.8%、农林水利建设占 4.0%、生态建设和环境保护占 3.2%、工业和能源占 1.2%、其他占 12%，前三类较为集中，合计占 68%。虽然总体可控，但部分地区已经出现偿债风险。在此背景下，政府引进资金实力强、技术雄厚、管理经验丰富的社会资本提供专业的医疗养老服务成为现实的选择（下文将有专门论述）。

## 二、我国以居家养老为主的观念正在发生变化

概括而言，养老模式主要分为两种，即居家养老和机构养老。

相关研究显示：目前，我国老年人养老形式比较传统，主要是居家养老，机构养老还没有形成普遍共识。2011 年 2 月，民政部发布《社会养老服务体系建设“十二五”规划》，即“9073”养老引导方针，提出：90% 的老年人在社会化服务协助下通过家庭照料养老，7% 的老年人通过购买社区照顾服务养老，3% 的老年人入住养老服务机构集中养老。然而，随着老年人的养老意识逐渐增强，养老观念也发生了很大的变化。如 2013 年的一项调查表明：有近 40% 的老年人愿意选择专业养老机构养老。

## 三、我国养老健康市场巨大

我国老年人的生活成本主要包含衣、食、住、行以及健康、娱乐等基础消费。在我国老年医疗与养老市场供求严重失衡的背景下，养老健康市场巨大。

### （一）我国健康产业快速发展

健康产业是一个具有巨大潜力的新兴产业，是指维护健康、修复健康、促进健康的产品生产、服务提供及信息传播等活动的总和，其包括医疗服务、医药保健产品、营养保健产品、医疗保健器械、

休闲保健服务、健康咨询管理等多个与人类健康紧密相关的生产和服务领域。

目前，我国健康服务产业链主要有五大基本产业群：一是以医疗服务机构为主体的医疗产业；二是以药品、医疗器械、医疗耗材产销为主体的医药产业；三是以保健食品、健康产品产销为主体的保健品产业；四是以健康检测评估、咨询服务、调理康复和保障促进等为主体的健康管理服务产业；五是健康养老产业。

随着我国居民收入水平不断提高，消费结构升级不断升级，再加上人口老龄化越来越严重，人们对健康服务的需求日益旺盛。

### （二）老年康复医疗需求大

一方面，65 岁及以上的老年人大都患有慢性病，且常多病共存，比如心血管疾病、呼吸系统疾病、神经系统疾病、骨关节肌肉疾病，均具有康复治疗需求[①]；另一方面，我国老年病专科受重视程度较低，老年医学科培训体系缺乏，专业康复医疗机构十分匮乏。此外，我国养老医疗护理专业人才严重不足，相比发达国家，我国持证专业护理人才数量差距较大。

总的来说，老年康复医疗目前在我国仍处于初级阶段，供需缺口大，行业潜力十足。

## 四、我国养老事业将在“十三五”期间迎来大发展

2016 年 7 月初，民政部、国家发展改革委印发《民政事业发展第十三个五年规划》的通知（民发〔2016〕107 号），提出：加强社会养老服务体系建设工程，一是养老服务体系建设工程，通过新建和改扩建等方式加大主要面向失能老年人的老年养护院、

① 数据显示：2015 年，我国约有 20% 的老年人为失能或半失能老人，预计该比例至 2025 年将提升至 26%，总人数将达 8000 万人，这些老年人均具有较强的专业护理需求。

社区老年人日间照料中心、农村特困人员供养机构建设以及医养结合设施建设。到2020年，实现每千名老年人拥有养老床位数达到35张至40张的目标。加大医护型、养护型床位供给，实现护理型机构床位在机构床位数的占比达到30%以上。推动养老机构配备完善基本生活护理、医疗、康复辅具等专业设备，改善设施条件，提高服务能力和质量。二是养老服务信息化建设工程，推行"互联网+养老"，加快社区居家养老信息网络建设，依托现有互联网基础设施，构建居家养老服务信息平台、老年人居家呼叫服务系统和应急救援服务网络，提供紧急呼叫、家政预约、健康咨询、物品代购、服务缴费、线上线下（O2O）等老年需求服务项目，发展智慧养老社区。推动养老机构智能化信息管理平台建设。三是养老服务人员培养工程，推进养老服务专业教育和培训体系建设，培养老年医学、康复、护理、营养、心理和社会工作、老年康复辅具配置等方面的专门人才，分类培养养老服务经营管理人才、专业技术人才和技能人才。

2017年2月，国务院下发《"十三五"国家老龄事业发展和养老体系建设规划》(以下简称《规划》)，指出了"十三五"时期我国的养老形势："十三五"时期是我国全面建成小康社会决胜阶段，也是我国老龄事业改革发展和养老体系建设的重要战略窗口期。《规划》提出发展目标：到2020年，老龄事业发展整体水平明显提升，养老体系更加健全完善，及时应对、科学应对、综合应对人口老龄化的社会基础更加牢固。

梳理发现，《规划》的主要内容有：一是要多支柱、全覆盖、更加公平、更可持续的社会保障体系更加完善。城镇职工和城乡居民基本养老保险参保率达到90%，基本医疗保险参保率稳定在95%以上，社会保险、社会福利、社会救助等社会保障制度和公益慈善事业有效衔接，老年人的基本生活、基本医疗、基本照护等需求得到切实保障。二是居家为基础、社区为依托、机构为补充、医养相结合的养老服务体系更加健全。养老服务供给能力大幅提高、质量明显改善、结构更加合理，多层次、多样化的养老服务更加方便可及，政府运营的养老床位数占当地养老床位总数的比例不超过50%，护理型床位占当地养老床位总数的比例不低于30%，65岁以上老年人健康管理率达到70%。三是有利于政府和市场作用充分发挥的制度体系更加完备。老龄事业发展和养老体系建设的法治化、信息化、标准化、规范化程度明显提高。政府职能转变、“放管服”改革、行政效能提升成效显著。市场活力和社会创造力得到充分激发，养老服务和产品供给主体更加多元、内容更加丰富、质量更加优良，以信用为核心的新型市场监管机制建立完善。四是支持老龄事业发展和养老体系建设的社会环境更加友好。全社会积极应对人口老龄化、自觉支持老龄事业发展和养老体系建设的意识意愿显著增强，敬老养老助老社会风尚更加浓厚，安全绿色便利舒适的老年宜居环境建设扎实推进，老年文化体育教育事业更加繁荣发展，老年人合法权益得到有效保护，老年人参与社会发展的条件持续改善。此外，《规划》还制定了“十三五”期间国家老龄事业发展和养老体系建设主要指标，见表1–3。

**表1–3 “十三五”期间国家老龄事业发展和养老体系建设主要指标**

| 类别 | 指标 | 目标值 |
|---|---|---|
| 社会保障 | 基本养老保险参保率 | 达到90% |
| | 基本医疗保险参保率 | 稳定在95%以上 |
| 养老服务 | 政府运营的养老床位占比 | 不超过50% |
| | 护理型养老床位占比 | 不低于30% |

续表 1-3

| 类别 | 指标 | 目标值 |
|---|---|---|
| 健康支持 | 老年人健康素养 | 提升至 10% |
| | 二级以上综合医院设老年病科比例 | 35% 以上 |
| | 65 岁以上老年人健康管理率 | 达到 70% |
| 精神文化生活 | 建有老年学校的乡镇（街道）比例 | 达到 50% |
| | 经常性参与教育活动的老年人口比例 | 20% 以上 |
| 社会参与 | 老年志愿者注册人数占老年人口比例 | 达到 12% |
| | 城乡社区基层老年协会覆盖率 | 90% 以上 |
| 投入保障 | 福彩公益金用于养老服务业的比例 | 50% 以上 |

## 五、资本纷纷布局养老市场

面对国内巨大的养老健康服务市场，自从我国迈入老龄化社会以来，无论是产业资本（主要是养老企业、医疗企业、房地产企业），还是金融资本（主要是险资），都纷纷通过各种方式布局养老健康服务产业。

以创建于 1669 年的北京同仁堂为例。2016 年 12 月，北京同仁堂设立重庆产业基金，管理资产规模约 3 亿元，重点布局重庆养老市场。2017 年 5 月，北京同仁堂设立同仁堂养老产业基金，基金由北京同仁堂集团携手中原高速、太阳纸业等投资者共同设立，规模约 10 亿元。

除了实体企业，保险公司也成为投资养老机构的重要参与者。

公开数据显示，截至 2016 年 12 月底，作为国内首家收购养老院股权的保险公司，合众人寿斥资 2 亿元收购了位于上海的常青藤颐养院、金苹果养老院和位于南京的欢乐时光老年公寓、真美好连锁老年公寓等 7 所“长三角地区”的养老院。

# 第二章

# 我国养老 PPP 处于起步阶段

## 导 读

养老 PPP 是现实选择

我国养老 PPP 现状

养老 PPP 的现实之困

养老项目与 PPP 模式成功“嫁接”

民间资本投资养老 PPP 项目

公建民营：探索养老 PPP 模式

# 养老 PPP 是现实选择

《“十三五”国家老龄事业发展和养老体系建设规划》指出我国养老体系存在明显短板，涉老法规政策系统性、协调性、针对性、可操作性有待增强；城乡、区域老龄事业发展和养老体系建设不均衡问题突出；养老服务有效供给不足，质量效益不高，人才队伍短缺；老年用品市场供需矛盾比较突出；老龄工作体制机制不健全，社会参与不充分，基层基础比较薄弱。显然，我国亟待发展养老事业。

## 一、养老 PPP 背景

近年来，随着我国老年人口持续增长，如何养老成为一个亟待解决的问题。

当前，随着人们生活水平的提高，人们居家养老的观念正在逐步改变，取而代之的则是“社区养老”“机构养老”的观念，老年人对养老机构的需求持续增长。然而，现实情况却是我国养老机构数量有限，养老服务质量有待提高。

专业研究发现：目前，我国养老需求旺盛但供给不足。一方面，全社会需要照料的失能、半失能老人不断增加。不仅如此，我国留守老人和空巢老人也逐渐增多，我国正由传统的家庭养老模式开始向社区养老和机构养老转变。另一方面，我国养老机构和养老金都很短缺：一是以小型养老机构为主，二是部分省市养老金不足，政府财政压力大，无法独立解决养老需求。

在基础设施建设和公共服务项目建设领域，传统上地方政府一直是主导。然而，随着 2014 年 10 月 2 日国务院发布《关于加强地方政府性债务管理的意见》（简称“43 号文”），对地方债务开启了严监管模式，使地方政府融资能力大幅受限。

在我国现阶段，单纯依靠公共财政无法满足老年人对养老服务的现实需求，需要以新的投融资模式引进社会资本投资建设养老服务机构，增加养老公共服务供给。换句话说，为解决我国养老供应量的严重不足和政府财政资金困难，地方政府以 PPP 模式引进社会资本成为现实的选择。

总之，在我国经济步入缓增长、政府财政压力加大的背景下，PPP 将成为我国发展养老事业的主流模式。

## 二、利用 PPP 模式发展养老服务业

专业人士指出：面对我国严峻的养老问题，必须以市场化方式扩大养老服务供给、提升养老服务质量和降低养老服务价格。具体来说，发挥社会资本在资金、技术、管理、服务等方面的优势，增加养老设施的供给，能起到多方面的作用：一是缓解我国养老市场的供需矛盾；二是有利于我国的经济转型和产业结构调整；三是拉动我

国的经济增长[①]。更进一步而言，如果能够操作好养老 PPP 项目，完全可以实现“多赢”：一是缓解地方政府的财政压力；二是为社会资本提供投资新机遇；三是合理控制养老服务价格，为老人提供价廉质优的养老服务。

从 2014 年下半年起，中央和地方政府大力推广 PPP，鼓励社会资本进入公共服务领域。与此同时，由于我国养老产业需求与供给的失衡，也促进了 PPP 模式在养老产业中的发展。

2016 年以来，各类社会资本纷纷将投资的目光瞄准养老产业。实践发现，城市主城区的养老机构成为社会资本争夺的主战场。下面，我以江苏省南京市原下关区社会福利院为例来阐述这个问题。

江苏省南京主城区内因为租金上涨和经营不善等各方面因素，每年都有超过 10 家的养老机构无法持续经营而关门倒闭。世易时移，当前，城市主城区的养老机构（新建或转让）项目获得各方社会资本的青睐。

江苏省南京市原下关区社会福利院为一家“公建民营”的养老院（以下简称“本项目”），地址位于鼓楼区，由地方政府兴办，总共有一百多张床位。10 年前，当地政府将本项目以每年 30 万元租金租给一家养老组织运营。

媒体报道称，2017 年 6 月中旬，本项目原承租到期，鼓楼区公开寻找社会资本承租本项目的经营权。此外，当地政府通过委托第三方评估，将经营权定价为年租金 120 万元左右（与原来的租金相比，增长了 4 倍）。出乎当地民政部门预料：此次招标吸引了来自地产、保险、医疗行业实力雄厚的 13 家养老组织和养老企业参与竞标。由于有多家社会资本“看上”本项目，竞争异常激烈：13 家社会资本竞价普遍比 120 万元高，最高的报价甚至达到 306 万元，是原租

① 养老服务业涉及面广，涵盖衣食住行、医疗服务以及文化健身等多个领域，能够有效释放社会需求、创造就业岗位、拉动经济增长。

金的 10 倍，接近本项目底价的 3 倍。

最终，某社会资本在竞争中脱颖而出，并以年租金 240 万元的价格获得了本项目 10 年租赁经营权，足足高于政府底价的 2 倍。对此，中标社会资本表示，公司投标本项目的重要原因在于南京人口众多，老人素质高，家庭收入高，而且本项目位于主城区，交通便利，看好后续养老市场。

## 三、国家政策鼓励与支持养老 PPP 发展

国家和地方政府政策扶持与鼓励是引导和促进社会资本快速进入养老服务业的重要保障：在 PPP 模式下，政府既是项目合作的当事方，又为项目运作提供政治和法律环境。因此，国家和地方政府需重点支持社会资本投资养老 PPP 项目。

以英国为例，在融资支持方面，英国政府采取了多种有力措施为 PPP 项目提供融资支持。英国成立养老金投资平台，10 支英国主要养老金作为平台的初始投资者。

笔者梳理发现，此前国家部委和地方政府发布的政策文件中，养老 PPP 是作为重要领域推广的。

2014 年 9 月，财政部《关于推广运用政府和社会资本合作模式有关问题的通知》（财金〔2014〕76 号）确定了示范项目范围，适宜采用政府和社会资本合作模式的项目，具有价格调整机制相对灵活、市场化程度相对较高、投资规模相对较大、需求长期稳定等特点。其中就包括城市供水、供暖、供气、污水和垃圾处理、轨道交通、医疗和养老服务设施等，优先选择收费定价机制透明、有稳定现金流的项目。

2014 年 12 月，国家发展改革委《关于开展政府和社会资本合作的指导意见》（发改投资〔2014〕2724 号）规定 PPP 模式主要适用于政府负有提供责任又适宜市场化运作的公共服务、基础设施类

项目。燃气、供电、供水、供热、污水及垃圾处理等市政设施，公路、铁路、机场、城市轨道交通等交通设施，医疗、旅游、教育培训、健康养老等公共服务项目，以及水利、资源环境和生态保护等项目均可推行 PPP 模式。

2015 年 5 月，国务院办公厅转发财政部、发展改革委、人民银行《关于在公共服务领域推广政府和社会资本合作模式的指导意见》（国办发〔2015〕42 号），指出：在公共服务领域推广政府和社会资本合作模式是转变政府职能、激发市场活力、打造经济新增长点的重要改革举措。PPP 共包括能源、交通运输、水利建设、生态建设和环境保护、市政工程、片区开发、农业、林业、科技、保障性安居工程、旅游、医疗卫生、养老、教育、文化、体育、社会保障、政府基础设施和其他等 19 个行业。

2016 年 6 月，财政部、民政部、人力资源社会保障部、环境保护部、住房城乡建设部等多部门公布《关于组织开展第三批政府和社会资本合作示范项目申报筛选工作的通知》（财金函〔2016〕47 号），要求大力推广 PPP 模式，扎实推进 PPP 项目示范工作，助推更多 PPP 项目落地实施，充分发挥 PPP 在稳增长、促改革、调结构、惠民生等方面的积极作用，财政部会同行业部委联合启动第三批 PPP 示范项目申报筛选工作。笔者注意到，关于示范项目申报条件，“申报示范项目应具备相应基本条件：一是项目属于能源、交通运输、市政公用、水利、环境保护、农业、林业、科技、保障性安居工程、医疗、卫生、养老、教育、文化、体育等适宜采用 PPP 模式的公共服务领域。二是纳入城市总体规划和各类专项规划，新建项目应已按规定程序做好立项、可行性论证等项目前期工作。三是合作期限原则上不低于 10 年。四是对采用建设 – 移交（BT）方式的项目，通过保底承诺、回购安排等方式进行变相融资的项目，将不予受理。”养老被政府列为重点推介 PPP 模式的领域。

2016 年 7 月初，民政部、国家发展改革委印发《民政事业发展第十三个五年规划》的通知（民发〔2016〕107 号），明确“十三五”期间将在全国范围内建立健全“公建民营”管理办法，加大公办养老机构实行“公建民营”试点工作力度。

2017 年 2 月，国务院下发《“十三五”国家老龄事业发展和养老体系建设规划》，提出支持社会力量兴办养老机构，贯彻全面放开养老服务市场、提升养老服务质量的有关政策要求，加快推进养老服务业“放管服”改革。

民政部负责人指出，今后我国将继续深化养老机构的“放管服”改革，全面放开养老服务市场，支持、放开、鼓励 PPP 项目的发展，以适应老龄化社会的需要。具体措施如：进一步提高城乡低保标准，统筹城乡低保制度，增强特困人员供养机构的服务保障能力，提高生活不能自理特困人员的集中供养率；推动省级层面全面建立经济困难的老年人高龄、护理、服务补贴制度，加快建立农村留守老年人关爱服务体系，营造全社会孝老爱老良好环境；继续深化养老机构的“放管服”改革，全面放开养老服务市场，适应老龄化社会的需要；研究重度残疾人集中或者是社会化照料护理服务的政策，缓解家庭照料负担；发展慈善事业，让社会爱心、社会力量、社会资源充分发挥作用。

国家“十三五”规划纲要也指出了养老项目应用 PPP 模式，引进优质的社会资本建设和运营养老项目，提高项目的建设和运营效率。

需要重点指出的是：为了鼓励更多的社会资本投资养老 PPP 项目，国家从财政和金融政策方面给予大力支持。

2016 年 7 月初，民政部、国家发展改革委印发的《民政事业发展第十三个五年规划》的通知（民发〔2016〕107 号）指出：通过补助投资、贷款贴息、运营补贴、购买服务等方式，支持社会力量举办养老服务机构，重点鼓励社会力量投资兴办面向失能、失智、高龄老年人的医养结合型养老机构和养护型、医护型养老床位。落实好社会兴办养老机构在资本金、用工、税费、土地等方面优惠政策。支持境外资本投资养老服务业。鼓励民间资本对企业厂房、商业设施及其他可利用的社会资源进行整合和改造，用于养老服务。

国家加大养老服务金融支持力度，拓宽养老服务业投融资渠道，满足养老机构信贷需求，比如支持符合条件的企业发行养老产业专项债券，募集资金用于建设养老服务设施设备和提供养老服务。大力推广政府与社会资本合作，通过建立合理的“使用者付费”机制等方式，增强吸引社会资本能力。

中国人民银行、民政部、银监会、证监会、保监会《关于金融支持养老服务业加快发展的指导意见》（银发〔2016〕65 号，以下简称《指导意见》）积极应对人口老龄化，大力推动金融组织、产品和服务创新，改进完善养老领域金融服务，加大对养老服务业发展的金融支持力度，促进社会养老服务体系建设。

《指导意见》基本原则为：一是坚持市场主导，政策扶持。以市场化为方向，以政府扶持为引导，健全激励约束机制，在实现商业可持续的前提下，推动金融资源向养老服务领域配置和倾斜。二是坚持因地制宜，分类服务。立足区域养老服务业发展和居民养老需求实际，对居家养老、社区养老和机构养老等不同养老服务形式积极探索和创新与之相适应的金融产品和服务方式，提供有针对性的金融服务。三是坚持突出重点，注重实效。加强金融支持与养老服务业发展各类规划和政策的衔接，以满足“老有所养”、推进医养结合和建设社会养老服务体系需求为重点，加大金融支持力度，破除制约金融服务的体制机制障碍，努力寻求重点领域突破。

《指导意见》发展目标为：到 2025 年，基本建成覆盖广泛、种类齐全、功能完备、服务高效、安全稳健、与我国人口老龄化进程相适应、符合小康社会要求的金融服务体系。促进养老服务业发展的金融组织更加多层次，产品更加多元化，服务更加多样化，金融支持养老服务业和满足居民养老需求的能力和水平明显提升。

《指导意见》大力完善促进居民养老和养老服务业发展的多层次金融组织体系：创新专业金融组织形式，支持有条件的金融机构优化整合资源，提高养老领域金融服务水平。鼓励金融机构将支持养老服务业、发展个人养老相关的金融业务和战略转型相结合，探索建立养老金融事业部制；支持各类金融组织开展养老领域金融业务，鼓励银行、证券、保险、基金等各类金融机构积极应对老龄化社会发展要求，优化内部组织架构和管理体制，增强养老领域金融服务能力。鼓励金融租赁公司开发适合养老服务业特点、价格公允的产品，提供融资租赁等金融服务。鼓励信托公司利用信托制度优势，积极开发各类附带养老保障的信托产品，满足居民养老领域金融服务需求，支持养老服务业发展。

值得注意的是，《指导意见》鼓励多元资金支持养老服务业发展：支持各地采取政府和社会资本合作（PPP）模式建设或发展养老机构，鼓励银行、证券等金融机构创新适合 PPP 项目的融资机制，为社会资本投资参与养老服务业提供融资支持，积极探索与政府购买基本健康养老服务配套的金融支持模式。鼓励金融机构通过基金模式，探索运用股权投资、夹层投资、股东借款等多种形式，加大对养老服务企业、机构和项目的融资支持。鼓励有条件的地区探索建立养老产业投资引导基金，通过阶段参股、跟进投资等方式，引导和带动社会资本加大对养老服务业的投入。鼓励风险投资基金、私募股权基金等投资者积极投资处于初创阶段、市场前景广阔的养老服务企业。

为缓解养老项目的资金压力，国家在政策方面逐渐加大对社会资本投融资的支持力度，如表 2-1 所示。

表 2-1 国家支持养老项目投融资政策

| 序号 | 文件名 | 主要内容 |
| --- | --- | --- |
| 1 | 《国务院办公厅关于全面放开养老服务市场提升养老服务质量的若干意见》（国办发〔2016〕91 号） | 拓宽投融资渠道。鼓励社会资本采取建立基金、发行企业债券等方式筹集资金，用于建设养老设施、购置设备和收购改造社会闲置资源等。鼓励银行业金融机构以养老服务机构有偿取得的土地使用权、产权明晰的房产等固定资产和应收账款、动产、知识产权、股权等抵质押，提供信贷支持，满足养老服务机构多样化融资需求。有条件的地方在风险可控、不改变养老机构性质和用途的前提下，可探索养老服务机构其他资产抵押贷款的可行模式。 |
| 2 | 《民政事业发展第十三个五年规划》（民发〔2016〕107 号） | 加大养老服务金融支持力度，拓宽养老服务业投融资渠道，满足养老机构信贷需求。支持符合条件的企业发行养老产业专项债券，募集资金用于建设养老服务设施设备和提供养老服务。大力推广政府与社会资本合作，通过建立合理的“使用者付费”机制等方式，增强吸引社会资本的能力。 |
| | | 鼓励政府投资新建、改建、购置的养老服务设施，新建居民区按规定配建并移交给民政部门管理的养老设施，采取“公建民营”等方式，进行社会化运作。实行“公建民营”的养老机构，在优先接收有入住需求的养老服务保障对象基础上，闲置床位全部向失能或高龄社会老年人开放，确保继续履行公益职能、确保资产安全。鼓励公办养老机构实行服务外包，更好地为入住老年人提供优质、安全、便利服务。 |
| 3 | 《关于金融支持养老服务业加快发展的指导意见》（银发〔2016〕65 号） | 促进养老服务业发展的多层次金融组织体系。 |
| | | 鼓励银行业金融机构根据养老服务业发展导向和经营特点，专门制定养老服务业信贷政策，开发针对养老服务业的特色 |

续表 2-1

| 序号 | 文件名 | 主要内容 |
| --- | --- | --- |
| 3 | 《关于金融支持养老服务业加快发展的指导意见》(银发〔2016〕65号) | 信贷产品，建立适合养老服务业特点的授信审批、信用评级、客户准入和利率定价制度，为养老服务业提供差异化信贷支持。鼓励银行业金融机构与民政部门、行业协会等合作开展养老信贷专项培训，提升信贷服务专业化水平。 |
| | | 鼓励银行业金融机构创新承贷主体，对企业或个人投资设立的养老服务机构，在风险可控的前提下，可以向投资企业或个人作为承贷主体发放贷款。 |
| | | 鼓励银行业金融机构探索以养老服务机构有偿取得的土地使用权、产权明晰的房产等固定资产为抵押，提供信贷支持。鼓励银行业金融机构积极开展应收账款、动产、知识产权、股权等抵质押贷款创新，满足养老服务企业多样化融资需求。有条件的地区在风险可控、不改变养老机构性质和用途的前提下，可探索养老服务机构其他资产抵押贷款的可行模式。 |
| | | 支持处于成熟期、经营较为稳定的养老服务企业在主板市场上市。支持符合条件的已上市的养老服务企业通过发行股份等再融资方式进行并购和重组。探索建立民政部门与证券监管部门的项目信息合作机制，加强中小养老服务企业的培育、筛选和储备，支持符合条件的中小养老服务企业在中小板、创业板、全国中小企业股份转让系统上市融资。探索利用各类区域性股权交易市场，为非上市养老服务企业提供股份转让渠道。 |
| | | 支持处于成熟期的优质养老服务企业通过发行企业债、公司债、非金融企业债务融资工具等方式融资。鼓励中小养老服务企业发行中小企业集合票据、集合债券、中小企业私募债，积极发挥各类担保增信机构作用，为中小养老服务企业发债提供增信支持。对运作比较成熟、未来现金流稳定的养老服务项目，可以项目资产 |

续表 2-1

| 序号 | 文件名 | 主要内容 |
| --- | --- | --- |
| 3 | 《关于金融支持养老服务业加快发展的指导意见》(银发〔2016〕65号) | 的未来现金流、收益权等为基础，探索发行项目收益票据、资产支持证券等产品。支持符合条件的金融机构通过发行金融债、信贷资产支持证券等方式，募集资金重点用于支持小微养老服务企业发展。 |
| | | 鼓励多元化资金支持养老服务业发展。支持各地采取政府和社会资本合作(PPP)模式建设或发展养老机构，鼓励银行、证券等金融机构创新适合 PPP 项目的融资机制，为社会资本投资参与养老服务业提供融资支持，积极探索与政府购买基本健康养老服务配套的金融支持模式。鼓励金融机构通过基金模式，探索运用股权投资、夹层投资、股东借款等多种形式，加大对养老服务企业、机构和项目的融资支持。鼓励有条件的地区探索建立养老产业投资引导基金，通过阶段参股、跟进投资等方式，引导和带动社会资本加大对养老服务业的投入。鼓励风险投资基金、私募股权基金等投资者积极投资处于初创阶段、市场前景广阔的养老服务企业。 |
| 4 | 《关于加快推进健康与养老服务工程建设的通知》(发改投资〔2014〕2091号) | 政府引导、推动设立由金融和产业资本共同筹资的健康产业投资基金。 |
| 5 | 《关于开发性金融支持社会养老服务体系建设的实施意见》(民发〔2015〕78号) | 申请国家开发银行贷款支持，重点支持社区居家养老服务设施建设项目、居家养老服务网络建设项目、养老机构建设项目、养老服务人才培训基地建设项目、养老产业相关项目。民政部社会福利和慈善事业促进司与国家开发银行评审三局作为对口联系部门，负责具体事务和工作联络，建立信息共享和沟通协调机制，联合开展项目调研和课题研究工作，协商解决合作中遇到的问题。 |

续表 2-1

| 序号 | 文件名 | 主要内容 |
|---|---|---|
| 6 | 《国务院关于加快发展养老服务业的若干意见》(国发〔2013〕35号) | 金融机构要加快金融产品和服务方式创新，拓宽信贷抵押担保物范围，积极支持养老服务业的信贷需求。积极利用财政贴息、小额贷款等方式，加大对养老服务业的有效信贷投入。加强养老服务机构信用体系建设，增强对信贷资金和民间资本的吸引力。逐步放宽限制，鼓励和支持保险资金投资养老服务领域。 |
| 7 | 《国务院关于促进健康服务业发展的若干意见》(国发〔2013〕40号) | 鼓励各类创业投资机构和融资担保机构对健康服务领域创新型新业态、小微企业开展业务。政府引导、推动设立由金融和产业资本共同筹资的健康产业投资基金。创新健康服务业利用外资方式，有效利用境外直接投资、国际组织和外国政府优惠贷款、国际商业贷款。 |
| | | 积极支持符合条件的健康服务企业上市融资和发行债券。 |
| 8 | 《养老产业专项债券发行指引》(发改办财金〔2015〕817号) | 支持专门为老年人提供生活照料、康复护理等服务的营利性或非营利性养老项目发行养老产业专项债券，用于建设养老服务设施设备和提供养老服务。在偿债保障措施较为完善的基础上，企业申请发行养老产业专项债券，可适当放宽企业债券现行审核政策及《关于全面加强企业债券风险防范的若干意见》中规定的部分准入条件。(1)发行养老产业专项债券的城投类企业不受发债指标限制。(2)债券募集资金可用于房地产开发项目中配套建设的养老服务设施项目，具体投资规模可由房地产开发项目审批部门根据房地产开发项目可行性研究报告内容出具专项意见核定。(3)募集资金占养老产业项目总投资比例由不超过60%放宽至不超过70%。(4)将城投类企业和一般生产经营性企业需提供担保措施的资产负债率要求分别放宽至70%和75%；主体评级AAA的，资产负债率要求进一步放宽至75%和80%。 |

续表 2-1

| 序号 | 文件名 | 主要内容 |
|---|---|---|
| 8 | 《养老产业专项债券发行指引》（发改办财金〔2015〕817 号） | （5）不受“地方政府所属城投企业已发行未偿付的企业债券、中期票据余额与地方政府当年 GDP 的比值超过 8% 的，其所属城投企业发债应严格控制”的限制。（6）城投类企业不受“单次发债规模，原则上不超过所属地方政府上年本级公共财政预算收入”的限制。 |
| 9 | 《国务院关于加快发展养老服务业的若干意见》（国发〔2013〕35 号） | 政府投资兴办的养老床位应逐步通过公建民营等方式管理运营，积极鼓励民间资本通过委托管理等方式，运营公有产权的养老服务设施。 |
| 10 | 《国务院办公厅关于全面放开养老服务市场提升养老服务质量的若干意见》（国办发〔2016〕91 号） | 完善公建民营养老机构管理办法，政府投资建设和购置的养老设施、新建居民区按规定配建并移交给民政部门的养老设施、国有单位培训疗养机构等改建的养老设施，均可实施公建民营。 |
| 11 | 《民政部关于开展公办养老机构改革试点工作的通知》（民函〔2013〕369 号） | 公办养老机构特别是新建机构应当逐步通过公建民营等方式，鼓励社会力量运营。通过运营补贴、购买服务等方式，支持公建民营机构发展。 |

# 我国养老 PPP 现状

调研发现，虽然中央和地方各级政府大力推广养老 PPP 项目，但现实情况却不容乐观，突出表现在养老 PPP 项目推进缓慢。究其原因，主要是较之于其他行业，养老行业情况更为复杂、投资规模大、收费机制复杂、老人支付能力整体较弱、利润空间有限、回报周期过长以及监督困难等。研究显示，我国养老 PPP 项目的拟合作年限大多确定在 10 年至 34 年，且主要集中在 20 年至 24 年、30 年至 34 年两个区段，相比于其他基础设施类 PPP 项目的合作年限整体偏长。

## 一、我国养老 PPP 刚刚起步

公开资料显示，我国第一个养老 PPP 项目诞生于 2012 年。2014 年、2015 年，养老 PPP 项目大量出现（从 2014 年下半年开始，我国大力推广 PPP 模式），2016 年开始进入稳步增长阶段。

以长春市养老综合 PPP 项目为例。该项目被列为财政部第二批 PPP 示范项目。该项目位于吉林省长春市，由政府发起[①]，总投资 9 亿元，合作期限 25 年，项目运作方式为 BOT，回报机制采取可行性缺口补贴。该项目主要由 3 部分组成，分别为养老机构建设、托老服务中心建设和居家养老服务中心建设。具体来说，将在长春新湖镇建设一个大型养老机构，在长春市 5 个主城区以及 4 个开发区各建设一个托老服务中心，居家养老服务中心主要是依托长春市现有 379 个社区建设。该项目建成后，将服务长春市七十多万名老人。该项目由社会资本组建 PPP 项目公司，负责项目的投资、建设和运营维护，政府授予 PPP 项目公司特许经营权和相关支持政策。同时，政府部门对 PPP 项目公司进行监管。在对 PPP 项目公司运营绩效考核后，政府对社会资本投资回报的缺口部分给予付费补贴。待政府与社会资本合作期限结束后，项目资产移交给长春市政府或其指定机构。

再以江西省上饶市老年福利中心 PPP 项目为例。该项目被列为财政部第二批 PPP 示范项目。该项目由政府发起，拟合作期限 30 年（含 3 年建设期），项目运作模式 BOO，回报机制为使用者付费。具体来说，该项目位于上饶市带湖片区内，总用地面积约 40400 平方米，投资总额约为 1.5 亿元，其中政府投入 3800 万元，社会资本投入 1.12 亿元。该项目主要由养护院、老年公寓构成。养护院拥有政府托底养老床位 500 张，老年公寓拥有养老床位 780 张。此外，该项目还建有老年护理中心（社区卫生服务中心）、老年活动中心、老年大学、老年超市、餐厅等相关配套设施。

---

① PPP 项目的发起者主要有两类主体：一类是政府发起，另一类是社会资本发起。梳理发现，当前我国所有的养老 PPP 项目中，90% 的养老 PPP 项目是由政府发起。

虽然中央和地方政府大力推广养老 PPP，各地方政府和社会资本也对养老 PPP 项目进行了有益的探索和实践，但总的来说，与交通运输、市政工程、环境保护等率先采用 PPP 模式并已经形成一定可复制可推广经验的领域相比，我国养老领域的 PPP 之路才刚刚起步，还没有可资借鉴的成熟的经验，绝大多数的养老 PPP 项目仍是“摸着石头过河”。

纵观财政部全国 PPP 综合信息平台项目库，养老项目所占的比例微乎其微：截至 2016 年 3 月底，财政部全国 PPP 综合信息平台项目库仅有养老项目 201 个，仅为总项目数量的 3% 左右。不仅如此，那些已经入库的养老 PPP 项目，也多数还没有真正落地。进一步分析发现，即使是已经入库的养老项目，也多数推进缓慢。财政部《政府和社会资本合作模式操作指南（试行）》（财金〔2014〕113 号）将 PPP 模式的操作分为 5 个阶段，分别为识别、准备、采购、执行和移交阶段，而目前财政部 PPP 项目库的养老 PPP 项目，近 80% 的项目处在初期的识别阶段和准备阶段，而真正进入采购和执行阶段的仅有 20%，还没有项目进入移交阶段。

## 二、我国养老 PPP 项目特点

与交通运输、市政工程、生态建设和环境保护、城镇综合开发等行业相比，我国养老 PPP 项目具有项目数量和金额占比低、地域分布不均匀等特点。以截至 2016 年 6 月 30 日的数据为例，一是项目数量占比较低，全国养老 PPP 项目占全国 PPP 项目总数的 2.57%；二是项目金额占比较少，全国养老项目投资总额占据全国 PPP 项目投资总额的 1.33%；三是项目地域分布不均匀，山东省、贵州省运用 PPP 模式的养老项目最多，8 个省份或直辖市在项目库中没有 PPP 模式下的养老项目；四是养老项目主要投资三大领域，其中，投资于养老业的项目数量最多——占比 57%，老年公寓项目占比 21%，医养结合项目占比 20%[①]，其他领域项目占比 2%；五是运作方式以 BOT、BOO 为主，两种方式项目个数占比合计超过 80%，其中，BOT 方式项目个数占比 53%、BOO 方式项目个数占比 29%，此外，还有 TOT、O&M、MC、ROT 以及其他运作方式；六是回报机制以使用者付费为主——项目个数占比 74%，可行性缺口占比 23%，政府付费项目占比 3%。

## 三、从 PPP 示范项目看养老 PPP 在我国的发展

从 2014 年下半年起，我国开始大力推广 PPP，交通运输、市政工程、生态治理与环境保护、教育、医疗、养老等 19 个行业被重点推广。

2014 年 12 月，财政部印发了《关于政府和社会资本合作示范项目实施有关问题的通知》，公布了第一批 PPP 示范项目 30 个（后调出 4 个），总投资规模约 1800 亿元，涉及供水、供暖、环保、交通、新能源汽车、地下综合管廊、医疗、体育等多个领域，但养老项目并未入选最终的名单。

2015 年 6 月底，财政部下发通知，要求各地上报第二批 PPP 示范项目，其中首次提到要在养老领域筛选征集适宜采用 PPP 模式的项目。研究发现，在财政部第二批共 206 个示范项目中，养老项目占 10 席，占比 5%；在投资金额上，10 个养老项目的总投资金额约 196 亿元，约占第二批 PPP 示范项目总投资金额 6589 亿元的 3%。具体来说，这些养老 PPP 示范项目及投资金额分别为：长春市养老综合项目 9 亿元、盐城市亭湖区福利中心 2 亿元、上饶市老年福利中心 1.5 亿元、赣州市章贡区社区（村）居家养老服务中心 1.6 亿元、淄博市博山姚家峪生态养老中心 19.25 亿元、开封市民生养老医院

① 调研发现，我国养老 PPP 项目的投资主要集中在三大领域，分别是养老业（养老机构、养老服务等）、老年公寓和医养结合项目。

2.22 亿元、南阳市金鹏老年福利服务中心改扩建 23 亿元、南宁市第二福利院 3.99 亿元、南宁市武鸣县光荣院福利院搬迁扩建 2.88 亿元、济宁市嘉祥九顶山养老服务和生态综合治理 130.78 亿元，如表 2–2 所示。其中，济宁市嘉祥九顶山养老服务和生态综合治理项目投资金额最多，总投资金额高达 130.78 亿元。

表 2–2　　财政部第二批 PPP 示范项目养老项目名单

| 省市 | 项目 | 领域 | 总投资（亿元） |
|---|---|---|---|
| 吉林 | 长春市养老综合项目 | 养老 | 9 |
| 江苏 | 盐城市亭湖区福利中心 | 养老 | 2 |
| 江西 | 上饶市老年福利中心 | 养老 | 1.5 |
| | 赣州市章贡区社区（村）居家养老服务中心 | 养老 | 1.6 |
| 山东 | 淄博市博山姚家峪生态养老中心 | 养老 | 19.25 |
| | 济宁市嘉祥九顶山养老服务和生态综合治理项目 | 养老 | 130.78 |
| 河南 | 开封市民生养老医院 | 养老 | 2.22 |
| | 南阳市金鹏老年福利服务中心改扩建 | 养老 | 23 |
| 广西 | 南宁市第二福利院 | 养老 | 3.99 |
| | 南宁市武鸣县光荣院福利院搬迁扩建 | 养老 | 2.88 |

2016 年 10 月，财政部公布第三批 PPP 示范项目 516 个，覆盖了能源、交通运输、水利建设、生态建设和环境保护、市政工程、城镇综合开发、农业、林业、科技、保障性安居工程、旅游、医疗卫生、养老、教育、文化、体育、社会保障和其他 18 个一级行业。研究发现，虽然财政部第三批 PPP 示范项目是第二批的两倍，但养老项目占比仍然不高，只有 23 个，占所有 PPP 示范项目的 4%，具体养老项目如表 2–3 所示。

表 2-3　财政部第三批 PPP 示范项目名单养老项目名单

| 所属省 | 项目名称 | 总投资（亿元） | 一级行业 |
| --- | --- | --- | --- |
| 辽宁省 | 辽宁省喀左县馨丰老年公寓暨南山生态养老中心 | 7.8225 | 养老 |
| 江苏省 | 宜兴市丁山养护院 | 2.9993 | 养老 |
| 江西省 | 上高县人民医院东院与上高县医养康复护理院医养融合 PPP 项目 | 5.5 | 养老 |
| 山东省 | 山东省烟台市蓬莱市智慧健康养老服务 PPP 项目 | 7.079 | 养老 |
| | 山东省潍坊高密市社会福利优抚救助中心 PPP 项目 | 3 | 养老 |
| | 山东省济宁市某县医养结合项目 | 7.9 | 养老 |
| | 山东省济宁市嘉祥县诚祥北京太阳城项目 | 51.2826 | 养老 |
| | 山东省聊城市茌平县金柱盛世千岛山庄生态养老项目 | 23.4483 | 养老 |
| | 山东省菏泽市民政医养服务中心项目（由菏泽市社会福利院和菏泽市荣军医院两个项目合并） | 3.3556 | 养老 |
| | 山东省菏泽市牡丹区枫叶正红医养一体化养老项目 | 11.673 | 养老 |
| 河南省 | 河南省许昌市襄城县—河南龙耀健康城医养结合 PPP 项目 | 5 | 养老 |
| | 河南省许昌市襄城县—中国河南紫云谷新型养老示范基地（原益寿康新型养老公寓项目） | 12.6 | 养老 |
| | 河南省周口市沈丘县沈丘念慈医院（沈丘念慈护理院）养老产业综合服务园 PPP 项目 | 8.2738 | 养老 |
| | 淮阳安康医院（养老服务中心）PPP 项目 | 4.51 | 养老 |

续表 2-3

| 所属省 | 项目名称 | 总投资（亿元） | 一级行业 |
|---|---|---|---|
| 湖北省 | 湖北省襄阳市道安老年公寓项目 | 4 | 养老 |
| 湖南省 | 湖南省湘潭市岳塘区湖南天伦医养康复中心 PPP 项目 | 2.2814 | 养老 |
| | 湖南省怀化市健康综合服务设施建设项目 | 17.6301 | 养老 |
| | 湖南省怀化市麻阳长寿谷养老养生文化旅游 | 5.0521 | 养老 |
| 云南省 | 云南省老年公寓政府和社会资本合作项目 | 1.0647 | 养老 |
| | 云南省红河州开远市凤凰谷养老养生项目 | 4.4022 | 养老 |
| 陕西省 | 铜川市老年服务中心项目 | 1.354 | 养老 |
| | 商洛市中心老年公寓 | 2.4 | 养老 |
| 青海省 | 贵德县养老养生示范基地 PPP 项目 | 1.2 | 养老 |
| 新疆维吾尔自治区 | 叶城县老年服务中心项目 | 0.5 | 养老 |

# 养老 PPP 的现实之困

养老产业虽然是朝阳产业，但显然并不是“挣快钱”的产业，突出的表现是养老机构大多数处于亏损状态。因此，养老行业并不适合投资回报要求短、平、快的社会资本，对有意向进入养老行业的社会资本而言，一定要着眼长远，要对投资回报率和投资回报周期有充分的心理预期。

调研发现，目前我国各类 PPP 项目中，养老 PPP 项目数量较少、签约率较低等。究其原因，主要是我国养老 PPP 存在以下现实困难。

## 一、养老项目形态多样，采取 PPP 模式难度大

目前，我国在基础设施建设和公共服务项目建设领域已经有了较为成熟的PPP模式，尤其是在污水处理、垃圾处理、城市轨道交通、生态环境等领域，在经过多年的探索和实践后，产生了诸多成功的

案例，复制效应明显。分析发现，这些市场化成熟度较高的PPP项目，一个显著的特点是形式比较单一，如市政生活污水处理，主要针对的是城镇生活污水处理。相比之下，我国养老项目形态多样，仅就养老方式而言，就包括居家养老、社区养老和机构养老等3种方式，社区养老机构又包括日间照料中心、托老所、老年活动站等，机构养老又包括老人院、老人福利院、老人医院等。

## 二、合作模式较单一，社会资本资金压力大

财政部《关于印发政府和社会资本合作模式操作指南（试行）的通知》（财金〔2014〕113号）中指出“项目运作方式主要包括委托运营、管理合同、建设－运营－移交（BOT）、建设－拥有－运营（BOO）、转让－运营－移交（TOT）和改建－运营－移交（ROT）等。”国家发展改革委《关于开展政府和社会资本合作的指导意见》（发改投资〔2014〕2724号）指出“经营性项目可以通过政府授予经营权，采用BOT、BOOT等模式推进；准经营性项目可通过政府授予特许经营权附加部分补贴或直接投资参股等措施，采用BOT、BOO等模式推进；非经营性项目可通过政府购买服务，采用BOO、委托运营等市场化模式推进。”那么，养老项目PPP主要采取何种模式呢？实践中，各地新建养老机构主要以BOT、BOO等模式操作。梳理财政部PPP综合信息平台项目库中的养老项目，超过90%的项目采用的是BOT或BOO模式（其中半数采用BOT模式运作，还有相当一部分项目采用BOO模式），但对于社会资本来说，这两种模式的前期资金投入要求都很高，社会资本资金压力大。

总之，养老PPP项目类型较为单一，尚未出现针对养老领域的运作方式创新。除BOT和BOO之外，还有少量项目采用了TOT、ROT、委托运营、管理合同等其他一些运作方式。

## 三、养老 PPP 项目效果不明显，盈利不足

地方政府和社会资本对以 PPP 模式建设养老项目兴趣浓厚，部分地方政府和社会资本还对养老 PPP 进行了有益的探索和实践。然而，从实践的情况来看，养老 PPP 项目的效果仍然不够明显，突出的表现是见效慢，不像交通运输、市政工程、环境保护等项目很快就带来明显的经济效益和社会效益。进一步而言，养老 PPP 效果不明显的背后，是养老项目的盈利不足：根据中国老龄科学研究中心发布的数据，全国养老机构空置率高达 48%。在被访养老机构中，有利润盈余的养老机构比例为 19.4%，32.5% 的机构亏损，48.1% 的机构基本持平。

## 四、回报机制不科学

根据项目的经营性，PPP 项目主要分为 3 种。第一种是经营性项目，指具有明确收费基础且经营收费能够完全覆盖投资成本和回报的项目。比如供水、供电、供暖、供气等项目，采取“使用者付费”模式。第二种是准经营性项目。对于经营收费不足以覆盖社会资本投资成本和回报、需政府补贴部分资金或资源的项目，比如污水处理、垃圾处理等项目，采取“使用者付费＋可行性缺口补贴”模式。第三种是非经营性项目。对于缺乏使用者付费基础、依靠政府完全付费回收投资成本的项目，比如市政道路、河道治理等项目，采取“政府完全付费”模式。

在回报机制方面，目前我国养老 PPP 项目主要采取“使用者付费”模式。数据显示，养老 PPP 项目使用者付费项目占比高达 81%，“使用者付费＋可行性缺口补贴”的项目只占 16%。

专家分析认为，由于我国长期的城乡二元结构不平衡以及养老金制度不完善等各种因素，导致我国老人支付养老金的整体能力不强。养老 PPP 项目采取“使用者付费”模式，对于社会资本来说，

意味着非常大的运营风险，这也是社会资本对市场化程度更高的其他 PPP 项目更加青睐的原因之一。进一步而言，即使社会资本参与养老 PPP 项目，也会将重点放在那些经济发展程度高、人口密度大的一二线城市，而对那些经济欠发达地区的养老 PPP 项目慎之又慎。鉴于此，经济发达地区与欠发达地区的养老服务事业差距越拉越大，形成了“马太效应”[①]。

事实上，老人属于弱势群体，养老项目公益性特征明显，如果完全依靠向老人收费，在运营上不具有持续性。也就是说，养老机构通过向老人收费无法完全覆盖投资者的投资和收益，因此需要政府提供补贴。即在回报机制方面，养老 PPP 项目应该采取“使用者付费 + 可行性缺口补贴”方式。具体来说，补贴应包括 3 个部分：一是养老 PPP 项目建设补贴，一是运营补贴，另外还有就是融资性补贴。

## 五、收费机制复杂

通常情况下，PPP 项目有一个相对明确的收费机制，包括价格标准（由政府和社会资本共同商定，有时还需要符合价格听证会制度）和调价机制（一般以 3 年为一个调价周期），且在 PPP 合同中体现。但养老 PPP 项目情况更为特殊，收费机制更为复杂，即使是同一家养老机构，在提供的服务类型和服务等级不同的情况下，服务收费差异会比较大。此外，与供水、供暖、污水处理等项目单一收费方式不同，养老PPP项目有不同的收费方式，比如月付制、年付制，还有会员制等，而不同的收费标准和收费方式对社会资本的投资回报率和投资回报周期都有着较大的影响。

① 马太效应（Matthew Effect），指强者越强、弱者越弱的现象，广泛应用于社会心理学、教育、金融以及科学领域。马太效应是社会学家和经济学家们常用的术语，反映的社会现象是两极分化，富的更富、穷的更穷。

## 六、养老 PPP 项目地理布局严重不平衡

目前，我国养老 PPP 项目在地理布局上严重不平衡，无法从根本上解决我国养老服务设施短缺、养老服务质量不高的现实问题。一句话概括，我国存在着严重的养老服务短板。

截至 2016 年 5 月，财政部 PPP 综合信息平台入库养老项目共有 203 个，总投资金额 1349.8 亿元。其中老年公寓项目 37 个，医养结合项目 41 个，综合养老业项目 125 个。从养老服务 PPP 项目的区域分布来看，养老 PPP 项目在全国排名前三位的省份分别为山东省、贵州省和四川省，这三个省的养老 PPP 项目占项目总数的一半以上[①]。另外，有 9 个省（直辖市、自治区）的养老 PPP 项目还是空白。

## 七、政府监管和绩效考核难度大

### （一）政府监管难度大

PPP 模式下，政府的角色发生了很大变化，角色多元。首先，政府是 PPP 政策制定者，包括 PPP 的流程、交易规则等。其次，政府是 PPP 项目利益协调者，在利益分享方面，政府与社会资本利益诉求不同，最突出的表现是政府追求公共利益最大化，而社会资本追求商业利益最大化。政府要强化公共利益约束，防止社会资本以侵害公共利益实现自身利益最大化。再次，政府是 PPP 项目的监管者，优化对 PPP 项目的外部约束机制，防止出现道德风险等侵犯公共利益的现象。以污水处理 PPP 项目监管为例，无论是国家政策文件还是 PPP 项目合同，都会对进出口指标、考核标准有明确要求：在出水指标方面，根据污水处理厂的环境影响报告和环保部门要求，按《城镇污水厂污染物排放标准》（GB 18918-2002）执行；在排污口

① 山东、贵州养老 PPP 项目明显多于其他省份，数量分别为 45 个、38 个；四川、河南次之，项目数量都为 19 个。从金额上看，山东以 488.55 亿元遥遥领先于其他省份。

安装在线监测设施，并与省、市、县环保部门联网。然而，相比其他的 PPP 项目，养老 PPP 项目政府监管难度更大，最主要的原因是养老机构偏重于增加硬件设施，而忽视养老服务标准，且很难制定出行之有效的方法来提高养老服务质量，这无疑增加了政府监管的难度。

严格来说，为老人提供服务的养老机构应根据老人的健康状况，区分不同的服务项目和服务等级，并制定相应的服务标准。

### （二）绩效考核难度大

如前所述，PPP 项目的回报机制有 3 种，就养老 PPP 项目而言，目前主要采取“使用者付费 + 可行性缺口补贴”模式。而可行性缺口补贴是以社会资本提供的服务质量为对价支付的。换句话说，地方政府需要对社会资本提供的服务进行绩效考核，且以绩效考核为标准给予补贴。然而，作为一种公共服务项目，养老 PPP 项目的绩效考核存在很大难度，一个关键因素是很难对具体的服务标准进行量化，人为和主观因素较大。

2016 年 7 月初，民政部、国家发展改革委正式印发《民政事业发展第十三个五年规划》的通知（民发〔2016〕107 号），制定政府购买养老服务指导性目录，建立健全由购买主体、养老服务对象以及第三方组成的综合评审机制，加强购买养老服务项目绩效评价。将政府购买服务与满足老年人基本养老服务需求相结合，优先保障经济困难的孤寡、失能、高龄等老年人服务需求，逐步拓展政府购买养老服务的领域和范围。

总之，推广养老 PPP 项目有较大的难度，这也是为什么社会资本参与意愿有待提高、养老项目数量及投资额在整个 PPP 领域中占比都较低的重要原因。

# 养老项目与PPP模式成功“嫁接”

在经济快速发展的同时，我国进入老龄化社会，且老龄化进程不断加快。因此，国家对养老事业的重视日益增强，硬件设施、软件服务等方面的投入都很大。然而，与日益增长的养老需求相比，政府资金投入还是比较滞后，我国养老事业发展存在明显不足。因此，以PPP模式发展养老事业，发挥社会资本在资金、技术、管理等方面的突出优势，提高养老机构的服务水平和养老设施的效率，对亟待发展的我国养老事业具有重大而深远的意义。

## 一、PPP模式适合养老项目

研究发现，虽然养老项目具有投资规模大、回报率低、回报周期长等不足因素，但总体上来看，由于政府重视程度高、政策支持力度大、市场需求长期稳定，养老项目适合采取PPP模式。

对于养老项目的建设和运营，地方政府和社会资本双方按照PPP“利益共享、风险共担”的原则互利互惠、长期共赢，既缓解地方政府财政压力，又实现社会资本的投资收益，还能够提高项目的建设与运营效率，从而更好地为广大老年人群体提供高质量的服务。

## 二、实现养老项目与 PPP 模式成功“嫁接”

虽然政府和社会资本对采用 PPP 模式建设养老项目都有着浓厚的兴趣，但现实的困难是我国以 PPP 模式操作养老项目还处于起步阶段，并没有成熟的经验可资借鉴。那么，如何将养老项目与 PPP 模式成功“嫁接”？

### （一）开展养老 PPP 项目的前提条件是调研

相关专家研究认为，无论是政府还是社会资本，在开展养老 PPP 项目合作时，一定要先充分调研项目所在地的老年人口数据、健康状况和经济收入情况等。只有在充分了解这些数据的基础上，才能决定养老 PPP 项目的规模、具体合作模式和回报机制：老年人口数据决定了项目投资建设规模和市场需求量，健康状况又决定了养老服务需求的具体项目，老年人经济收入情况则决定了养老服务的价格。不同的数据决定了养老 PPP 项目不同的合作模式（BOT、TOT、ROT、BOO、O&M、MC 等）和回报机制（使用者付费、“使用者付费 + 可行性缺口补贴”以及政府完全付费）。

下面，我们以河南省南阳市金鹏养老服务中心 PPP 项目为例来阐述养老 PPP 项目。

公开资料显示，河南省南阳市金鹏养老服务中心占地面积 75333 平方米，2002 年开始运营，是南阳市目前最大、功能相对完善的养老服务中心。该服务中心现有老年居室 110 间，接纳老人一百六十多人。

随着社会老龄化的加剧，金鹏养老服务中心现有设施设备已远远不能满足老年人口增长的需求，亟须扩大建设规模。2015 年 6 月，《南阳市金鹏老年福利服务中心改扩建项目 PPP 实施方案》经南阳市宛城区人民政府审批同意。该项目被河南省发改委确定为 2015 年省级 A 类重点建设项目，并被纳入省财政厅 PPP 第二批公开推介项目库，2015 年 9 月被列为财政部第二批全国 PPP 示范项目。

2016 年 2 月，河南省南阳市宛城区人民政府与社会资本正式签订 PPP 合同，通过扩建，可使养老服务规模成倍地扩张，在很大程度上解决了河南本地化的养老需求。具体来说，金鹏养老服务中心改扩建项目总估算投资为 23.60 亿元，计划新增床位 10000 张，主要建设内容包括接待中心、老年公寓、医院、养老院、老年活动中心等，总建筑面积 92 万平方米。

### （二）养老 PPP 项目的土地获得

土地获得和土地成本是社会资本投资 PPP 项目最为关心的问题之一，这也是社会资本投资养老 PPP 项目的重要考量因素。

根据我国法律法规，社会资本获得土地使用权一共有 3 种方式，一种是有偿取得，一种是无偿取得，还有一种是租赁。其中，有偿取得分为招拍挂和协议转让两种方式，无偿取得指的是行政划拨。《中华人民共和国土地管理法》第五十四条规定，建设单位使用国有土地，应当以出让等有偿使用方式取得；但是下列建设用地，经县级以上人民政府依法批准，可以以划拨方式取得：一是国家机关用地和军事用地，二是城市基础设施用地和公益事业用地，三是国家重点扶持的能源、交通、水利等基础设施用地，四是法律、行政法规规定的其他用地。

考虑到养老项目的公益性质，养老 PPP 项目的土地可以采取划拨方式。鉴于此，社会资本的投资成本将大大降低，其参与养老 PPP 项目的积极性也将大大提高。具体来说，对社会资本而言，国有土地采取划拨方式最为有利，一是可以降低项目投资规模，二是可以降低项目投资风险。需要指出的是，土地划拨不得改变土地用途，且必须符合《划拨用地目录》。此外，划拨土地使用权如果进行融资抵押，必须经市、县人民政府土地管理部门批准，并符合下列条件：（一）土地使用者为公司、企业、其他经济组织和个人；（二）领有国有土地使用证；（三）具有合法的地上建筑物、其他附着物产权证明；（四）依照《中华人民共和国城镇国有土地使用权出让和转让暂行条例》和《划拨土地使用权管理暂行办法》规定签订土地使用权出让合同，向当地市、县人民政府交付土地使用权出让金或者以转让、出租、抵押所获收益抵交土地使用权出让金（《划拨土地使用权管理暂行办法》第六条）。然而，通常情况下，土地使用权的出让采取招拍挂的方式。因此，容易出现社会资本中标 PPP 项目后，土地被第三方拍走的情况。对于养老 PPP 项目而言，同样如此：如果某社会资本中标养老 PPP 项目，土地却按照招拍挂的方式被第三方拍走，这样就出现社会资本中标养老 PPP 项目、项目却无法落地的尴尬。

对于 PPP 项目，我国实行项目建设用地竞争出让环节与社会资本方采购环节合并实施的政策。

2016 年 10 月，财政部《关于联合公布第三批政府和社会资本合作示范项目　加快推动示范项目建设的通知》（财金〔2016〕91 号）提出："依法需要以招标拍卖挂牌方式供应土地使用权的宗地或地块，在市、县国土资源主管部门编制供地方案、签订宗地出让（出租）合同、开展用地供后监管的前提下，可将通过竞争方式确定项目投资方和用地者的环节合并实施。"[①] 文件同时规定，PPP 项目用地

① 财政部《关于印发政府和社会资本合作模式操作指南（试行）的通知》（财金〔2014〕113 号），规范政府和社会资本合作模式（PPP）项目识别、准备、采购、执行、移交各环节操作流程，并对 PPP 项目采购方式做出详细规定，应按照《中华人民共和国政府采购法》及相关规章制度执行，采购方式包括公开招标、竞争性谈判、邀请招标、竞争性磋商和单一来源采购。项目实施机构应根据项目采购需求特点，依法选择适当采购方式。

应当符合土地利用总体规划和年度计划，依法办理建设用地审批手续。在实施建设用地供应时，不得直接以 PPP 项目为单位打包或成片供应土地，应当依据区域控制性详细规划确定的各宗地范围、用途和规划建设条件，分别确定各宗地的供应方式：符合《划拨用地目录》的，可以划拨方式供应；不符合《划拨用地目录》的，除公共租赁住房和政府投资建设不以营利为目的、具有公益性质的农产品批发市场用地可以作价出资方式供应外，其余土地均应以出让或租赁方式供应，及时足额收取土地有偿使用收入。

2016 年 10 月，国家发改委发布《传统基础设施领域实施政府和社会资本合作项目工作导则》（发改投资〔2016〕2231 号），明确指出，“各地要积极创造条件，采用多种方式保障 PPP 项目建设用地。如果项目建设用地涉及土地招拍挂，鼓励相关工作与社会资本方招标、评标等工作同时开展”。

2016 年 10 月，国土资源部《产业用地政策实施工作指引》（国土资厅发〔2016〕38 号），对解决 PPP 项目用地问题进行了明确规定：采用政府和社会资本合作方式（PPP 模式）实施项目建设时，相关用地需要有偿使用的，可将通过竞争方式确定项目投资方式和用地者的环节合并实施使用。

因此，上述规定解决了社会资本投资养老 PPP 项目能否取得项目用地的问题，必将加速我国养老 PPP 的进程。

## 三、我国养老 PPP 实践

PPP 模式能够破解我国养老服务投融资领域长期存在的投资缺口大、融资方式单一、建设和运营效率不高等问题。现行养老 PPP 项目的运营方式有特许经营、公建民营、政府购买服务等。

### （一）特许经营方式

特许经营方式指地方政府与社会资本签订 PPP 协议，授予社会资本特许经营权。通常情况下，由社会资本负责养老 PPP 项目的投资、融资、建设、运营与维护。待特许经营期结束后，社会资本再将养老机构无偿交给地方政府。

### （二）公建民营

所谓公建民营是指养老机构由政府建设并拥有所有权，通过承包、委托、联合经营等方式，将养老设施交由社会资本运营的模式。原则上，公建民营要按照《政府采购法》及有关规定，综合评估社会资本的专业资质、技术能力、财务实力和管理经验，择优选择综合实力强的社会资本运营养老机构。

以北京市民政局、市发展改革委、市财政局联合下发的《北京市养老机构公建民营实施办法》（京民福发〔2015〕268 号，以下简称《办法》）为例，《办法》要求加强政策引导，立足吸引先进管理理念、专业服务团队和优质服务资本，科学设置公建民营的条件和形式，化解养老机构运营初期和设施、设备大修的资金压力，调动运营方的积极性和创造性。同时，所有权方应当以投资规模，市场规律为依据，向运营方收取风险保障金，实行专款专用、专项核算。同时，设立机构管理发展资金，由运营方逐年专项留存并专款管理及核算，所有权方对留存情况进行监督。

### （三）政府购买服务

政府购买服务也是 PPP 模式下的一种方式，指由社会资本投资、融资、建设、运营和维护养老 PPP 项目，地方政府给予社会资本一定的补助，如建设资金补助、运营床位补助等。如某省对养老 PPP 项目的政策是：由社会资本负责项目投资、融资、建设、运营和维护，地方政府给予项目建设资金补助、贷款贴息、营运补助等扶持政策。具体来说，地方政府对养老机构按新增床位每张 1.5 万元的标准进行一次性建设资金补助；给予最高不超过 200 万元的一次性贴息；项目正式运营满一年后，政府按实际入住床位每张每月 150 元、空置床位每张每月 50 元的标准给予为期 20 年的运营补助。

## 四、资本在养老市场跑马圈地

我国养老市场庞大，因此吸引各路资本竞相追逐。其中，既有产业资本（主要是养老机构、房地产企业），也有金融资本（主要是险资）。

根据中健联盟研究中心发布的《中国健康养老产业发展报告》，资本进入养老行业的方式主要有三：一是投资并购；二是政府通过 PPP 模式鼓励社会资本进入养老行业，助推区域养老产业发展；三是风投支持智慧养老平台，这类平台以轻资产的养老标的为主，投入资金体量大都在千万量级，且大部分停留在 A 轮阶段。

养老领域采取 PPP 模式已是大势所趋，国家已经相继出台了一系列政策支持养老 PPP 项目，各类社会资本尤其是养老产业社会资本跃跃欲试，相关社会资本也迈出了实质性的一步。随着困难的逐步破解、合作模式的不断创新，未来各方一定会探索出一条符合我国国情的养老 PPP 发展之路。

# 民间资本投资养老 PPP 项目

PPP 是政府与社会资本之间基于基础设施和公用事业项目的合作，国家大力推广 PPP 的初衷是鼓励各类社会资本尤其是民间资本进入基础设施和社会公共事业领域。

## 一、民间资本参与养老 PPP 意愿不高

近几年来，在国家和地方政府一系列 PPP 政策鼓励与支持下，我国 PPP 推广呈风起云涌之势。然而，在众多的 PPP 项目中，以民间资本作为社会资本主体参与 PPP 项目尤其是养老 PPP 项目的比例却并不高。民间资本对于养老 PPP 项目兴趣不大、热情不高、参与力度不强。究其原因，主要是民间资本投资养老 PPP 项目面临多种障碍：一是养老 PPP 项目前期投资大、回报周期长，且运营风险较大；二是民间资本缺乏专业的人才和丰富的管理经验。此外，在 PPP

项目市场准入方面，部分地方政府对民间资本设置要求过高，出现了比较明显的国有企业对民间资本的“挤出效应”，用形象的说法就是民间资本面临“三道门”的阻碍，即“玻璃门”“弹簧门”“旋转门”。具体来说，“玻璃门”指虽然有针对民间资本进入PPP的新政策，民间资本“看得见”却“进不去”，犹如隔了一层玻璃门；“弹簧门”指民间资本刚刚涉足PPP领域又被一些市场准入和进入门槛等“硬性政策”弹出；“旋转门”指民间资本与其他资本在PPP制度和规则面前看似平等，比如项目招标表面上一视同仁，实则设定某些条款将民间资本挡在门外，也就是“转着转着就转出门外了”。

调研发现，本轮PPP大潮中，央企和地方国企无疑唱“主角”。2016年，我国PPP中标额排名前五的央企累计中标总额近万亿元；2017年，中标额排在前五名的央企累计中标额高达2.5万亿元。[①]与中央企业、地方国企以及外资企业相比，民间资本存在诸多“先天不足”：一是包括养老PPP项目在内，投资规模大，动辄数十亿，一般的民间资本没有资金实力参与；二是融资难度大，由于PPP项目投资规模大，民间资本需要融资支持，与央企、地方国企相比，部分金融机构对民间资本资信要求更高。在融资成本上，民间资本也更高，这直接导致民间资本在回报率方面处于劣势。实践中有业内人士表示：在大型基础设施项目中，民企真的是没有优势，无论是从业绩、队伍、资金、兜底能力上都比不上国企、央企。

总之，虽然有国家和地方诸多政策对社会资本的支持，但现实情况是民间资本进入养老行业的意愿并不高，步伐较为缓慢。

---

① 据基建通大数据的不完全统计，中建2017年PPP项目累计中标总额约8000亿元，对比2016全年斩获PPP项目3555亿元，足足翻了一倍有余。紧随其后的是中国交建、中国铁建，两者都在5200亿元左右。中国交建、中国铁建2016年的PPP中标总额分别为1555亿元、1500亿元，同时翻了三倍的中标量也是相当惊人。中国中铁2017年全年新签合同额15568亿元，新签基础设施投资项目（PPP、BOT等）3711亿元。中国中冶以2900亿元的PPP项目累计中标总额上升到了年度第五名。

## 二、国家鼓励民间资本进入养老服务产业

养老事业是政府承担的法定社会福利责任。为了广大老年人群体的切身利益，国家应该出台政策，鼓励有经济和运营实力且有社会责任的民间资本积极介入。

为引导和促进民间资本快速进入养老服务产业，需要国家政策的大力支持。

2017 年 2 月，国务院下发《“十三五”国家老龄事业发展和养老体系建设规划》，对民间资本和社会力量申请兴办养老机构进一步放宽了准入条件：加强开办支持和服务指导；落实好对民办养老机构的投融资、税费、土地、人才等扶持政策；鼓励采取特许经营、政府购买服务、政府和社会资本合作等方式支持社会力量举办养老机构；允许养老机构依法依规设立多个服务网点，实现规模化、连锁化、品牌化运营；鼓励整合改造企业厂房、商业设施、存量商品房等用于养老服务。

一方面，养老 PPP 项目投资规模大、运营期限长、回报周期长，民间资本面临着融资的难题；另一方面，目前包括银行在内的金融机构对支持养老 PPP 项目的政策体系还不成熟，仍处于起步阶段，民间资本融资渠道不畅。根据《国务院关于加快发展养老服务业的若干意见》（国发〔2013〕35 号）的精神，为了充分发挥市场在资源配置中的决定性作用和更好地发挥政府作用，逐步使社会力量成为发展养老服务业的主体，2015 年 2 月，民政部、国家发展改革委、教育部等 10 部委联合发布《关于鼓励民间资本参与养老服务业发展的实施意见》，提出鼓励民间资本参与居家和社区养老服务、机构养老服务、养老产业发展的具体举措，并就推进医养融合发展、完善投融资政策、落实税费优惠政策、加强人才保障、保障用地需求等做出了相关规定和政策优惠。加强社会力量在养老产业的中坚力量，为我国未来养老产业的完善发展奠定了坚实的基础。

2017 年 11 月，国家发展改革委发布《关于鼓励民间资本参与政府和社会资本合作（PPP）项目的指导意见》（以下简称《指导意见》），再次明确了国家鼓励民间资本参与 PPP。《指导意见》指出：创造民间资本参与 PPP 项目的良好环境，不断加大基础设施领域开放力度，除国家法律法规明确禁止准入的行业和领域外，一律向民间资本开放，不得以任何名义、任何形式限制民间资本参与 PPP 项目。《指导意见》还指出：加大民间资本 PPP 项目融资支持力度，鼓励政府投资通过资本金注入、投资补助、贷款贴息等方式支持民间资本 PPP 项目，鼓励各级政府出资的 PPP 基金投资民间资本 PPP 项目。鼓励各类金融机构发挥专业优势，大力开展 PPP 项目金融产品创新，支持开展基于项目本身现金流的有限追索融资，有针对性地为民间资本 PPP 项目提供优质金融服务。积极推进符合条件的民间资本 PPP 项目发行债券、开展资产证券化，拓宽项目融资渠道。按照统一标准对参与 PPP 项目的民营企业等各类社会资本方进行信用评级，引导金融市场和金融机构根据评级结果等加大对民营企业的融资支持力度。此外，建立健全 PPP 项目守信践诺机制，准确记录并客观评价政府方和民营企业在 PPP 项目实施过程中的履约情况。政府方要严格履行各项约定义务，做出履约守信表率，坚决杜绝“新官不理旧账”现象。

各地方政府也积极出台政策促进民间资本参与 PPP 项目。为提高民间投资参与 PPP 项目的积极性，四川省出台《四川省政府与社会资本合作项目推进办法》，构建 PPP 项目全生命周期管理制度体系和项目推进长效机制。福建省专门举办 PPP 项目民营企业专场对接会，为民间资本参与 PPP“搭台唱戏”。福建省财政厅负责人表示：在探索和推广运用 PPP 模式过程中，福建省将进一步强调重诺履约的契约精神，构建民间资本平等参与、平等协商的合作基础。福建省将持续加强项目策划、完善行业标准，促进 PPP 项目科学决策、规范运作，让民间资本能参与、敢参与、愿参与。

## 三、让民间资本有利可图

民间资本具有多方面的优势，如机制灵活，建设和运营效率高，信息灵通，管理严格和服务质量高。因此，应该研究养老项目的特点，充分挖掘其中蕴涵的盈利点，鼓励民间资本积极参与养老服务产业相关行业，比如物业管理、先进医疗器械的购买和运营等。

在 PPP 模式下，包括养老 PPP 项目在内，民间资本投资养老 PPP 项目必须遵守“赢利不暴利”的原则。顾名思义，“赢利不暴利”是一个问题的两个方面：民间资本投资肯定要有盈利，这符合市场经济的规律，否则，就无法保持长久、健康地运营；鉴于 PPP 项目的公益属性，民间资本不可能要求暴利，否则，地方政府和广大社会公众也不会同意。所以，对民间资本而言，既要求盈利，但又不能投资回报过高。

总的来说，政府应给予民间资本合理的投资回报，让民间资本“有利可图”。否则，民间资本投资的养老 PPP 项目长期不盈利甚至亏损，将不利于项目本身的运营，民间资本也很难提高对入住老年人群体的服务效率和服务水平，这是地方政府、民间资本和入住老年人群体都不愿看到的。

# 公建民营：探索养老 PPP 模式

随着我国老龄化社会的到来，人们的养老需求日益增加。然而，传统的公办养老机构却存在着诸多不足，比如硬件设施较差、经费不足、管理机制不灵活、专业性不强、服务质量不高等。与此相应的是，老人尤其是高龄失能老人的社会化养老对专业性有着很强的要求。对照发现，社会资本在养老方面机制更为灵活、管理更为严格、提供的养老服务更为专业化。

## 一、我国公办养老机构目前面临的主要问题

调研发现：目前，我国公办养老机构是机构养老的主体，占比高达 80%，其余的则是民办养老机构。资料显示，公办养老机构又分为两种：一种是以城市社会福利院为主的由国家投资的养老机构，另一种则是以农村敬老院为主的由乡镇和村民自治组织兴办的养老

机构。在服务对象方面，公办养老机构提供基本养老服务，服务对象以政府承担养老职责的老年人为主，如城市“三无”老人、农村“五保”老人、低保老人等。

应当说，我国公办养老机构在解决弱势群体老人、生活贫困老人的养老方面发挥了重要的作用。然而，随着我国经济的快速发展和人口老龄化的日益严重，公办养老机构也面临着一些发展的问题：一是部分机构职能定位不准、公共资源配置不公，例如一些城市社会福利院收住高收入且身体健康自理老人，而收入水平较低且生活自理困难的老人却难以住进；二是硬件设施落后，医疗卫生设施、康复设施等硬件缺乏；三是人才不足，尤其是医疗卫生领域的人才主要集中在医院，导致公办养老机构服务人才的专业化水平低；四是管理水平低、经营意识差、活力不够、对政府补贴的依赖性强。因此，我国亟待对公办养老机构进行改革。

## 二、国家政策支持“公建民营”

2016 年 7 月初，民政部、国家发展改革委正式印发《民政事业发展第十三个五年规划》的通知（民发〔2016〕107 号，以下简称《通知》），明确“十三五”期间将在全国范围内建立健全“公建民营”管理办法，加大公办养老机构实行“公建民营”试点工作力度。

《通知》指出，积极开展应对人口老龄化行动，加快发展养老服务业，全面建成以居家为基础、社区为依托、机构为补充、医养相结合的多层次养老服务体系，创新投融资机制，探索建立长期照护保障体系，全面放开养老服务市场，增加养老服务和产品供给。在加强养老服务机构建设方面，深化养老服务供给侧改革，积极支持社会力量举办养老机构，办好公办保障性养老机构，深化公办养老机构改革，重点发展医养结合型养老机构，增加养护型、医护型养老床位，提高养老服务有效供给，到 2020 年每千名老年人口拥有养老床位数达到 35 张至 40 张，其中，护理型床位比例不低于 30%。此外，《通知》要求建立健全“公建民营”管理办法，加大公办养老机构实行“公建民营”试点工作力度。鼓励政府投资新建、改建、购置的养老服务设施，新建居民区按规定配建并移交给民政部门管理的养老设施，采取“公建民营”等方式，进行社会化运作。实行“公建民营”的养老机构，在优先接收有入住需求的养老服务保障对象基础上，闲置床位全部向失能或高龄社会老年人开放，确保继续履行公益职能、确保资产安全。鼓励公办养老机构实行服务外包，更好地为入住老年人提供优质、安全、便利的服务。

2016 年 12 月，国务院办公厅印发《关于全面放开养老服务市场提升养老服务质量的若干意见》(国办发〔2016〕91 号)，指出：完善公建民营养老机构管理办法，政府投资建设和购置的养老设施、新建居民区按规定配建并移交给民政部门的养老设施、国有单位培训疗养机构等改建的养老设施，均可实施公建民营。

2017 年 2 月，国务院下发《“十三五”国家老龄事业发展和养老体系建设规划》，提出：支持社会力量兴办养老机构，加快公办养老机构改革。加快推进具备向社会提供养老服务条件的公办养老机构转制为企业或开展公建民营。完善公建民营养老机构管理办法，鼓励社会力量通过独资、合资、合作、联营、参股、租赁等方式参与公办养老机构改革。政府投资建设和购置的养老设施、新建居住(小)区按规定配建并移交给民政部门的养老设施、党政机关和国有企事业单位培训疗养机构等改建的养老设施，均可实施公建民营。

## 三、公建民营养老项目兼具外包和特许经营特点

目前，我国公建民营类的养老项目开展得如火如荼。

所谓公建民营，全国老龄办解释为：“公建民营”是指在新建养老服务机构时，各级政府摈弃过去包办包管、高耗低效的管理体制

和运行机制，按照管、办分离的发展思路，由政府出资，招标社会组织或服务团体去经办和管理运作，政府负责管理和监督。在这种模式下，政府建设养老项目，然后将养老项目以合同的形式委托给民营资本（社会资本），从而以养老项目为纽带，形成政府与民营资本的合作关系。

国务院关于加快发展养老服务业的意见中明确指出："政府投资兴办的养老床位应逐步通过公建民营等方式管理运营，积极鼓励民间资本通过委托管理等方式，运营公有产权的养老服务设施。"而根据财政部《政府和社会资本合作模式操作指南（试行）》（财金〔2014〕113号）文件，PPP模式包括委托运营、管理合同、建设－运营－移交（BOT）、建设－拥有－运营（BOO）、转让－运营－移交（TOT）和改建－运营－移交（ROT）等多种模式。大体而言，PPP模式主要分为三类：第一类是外包类PPP（主要是委托运营），第二类是特许经营PPP（主要是BOT、TOT、ROT等），第三类是私有化类PPP（主要是BOO）。分析认为，公建民营养老项目类似于上述外包类PPP和特许经营类PPP两种模式结合的产物。具体来说，指由政府建设项目后"外包"给社会资本；同时，社会资本获得一定期限的特许经营权。

2013年12月，民政部下发《关于开展公办养老机构改革试点工作的通知》（民函〔2013〕369号），明确公办养老机构职能定位，即应当优先保障孤老优抚对象和经济困难的孤寡、失能、高龄等老年人的服务需求，充分发挥托底作用。推行公办养老机构公建民营，公办养老机构特别是新建机构应当逐步通过公建民营等方式，鼓励社会力量运营。通过运营补贴、购买服务等方式，支持公建民营机构发展。加强监督管理，明晰权责关系，确保国有资产不流失、养老用途不改变、服务水平明显提高；探索提供经营性服务的公办养老机构改制，有条件的地方，可以积极稳妥地把专门面向社会提供经营性服务的公办养老机构转制成企业等。

## 四、公建民营养老机构特点

### （一）性质为非营利性

虽然“公建民营”加入了“民营”的要素，但非营利的性质（主要体现在服务价格的福利性和入住资格的公益性）仍然没有改变。也就是说，民营资本不得借运营养老机构刻意提高养老机构的服务价格和入住门槛，这也是政府在监督民营资本时重点考量的。

### （二）收住对象以生活困难的老人为主

公建民营机构优先收住的是“三无”“五保”、失能、失独、高龄和贫困老人等弱势老年群体，确保其养老服务需求得以满足。除此之外，公建民营养老机构床位还应向社会其他普通老人开放。

### （三）所有权与经营权分离

公建民营机构的所有权与经营权归属是政府与社会资本重点考虑的。对于地方政府而言，这涉及国有产权不流失的问题；对社会资本而言，这涉及项目资产能否融资抵押的问题。

在权属划分上，公建民营养老机构权属非常明确：所有权归政府，经营权归包括民营资本在内的社会资本。因此，公建民营养老机构需接受政府的监督，确保运营上合理、合法、合规，符合地方政府与社会资本签订的合同要求。

下面，我们以南京市祖堂山社会福利院为例来介绍公建民营养老机构的所有权与经营权分离的情况。

南京市祖堂山社会福利院（以下简称“祖堂山福利院”）是一家隶属于南京市民政局的社会福利事业单位，位于南郊风景区，毗邻南唐二陵、牛首山等风景胜地，院区内还保留幽栖寺遗址、祖师洞、月牙池、虎趴泉等文物遗迹，院内古树参天，环境优美。距新街口约 30 公里，周边有绕越高速、机场高速、宁丹大道、秣周路、大周路环绕，交通便利。

祖堂山福利院是在原有400张床位的精神病院基础上改扩建而成，为民政对象和社会寄养老人提供收养服务。祖堂山福利院由于编制有限，人手不够，床位空缺很多。

2013 年，祖堂山福利院通过公开招标转让了部分产权的经营管理权，在祖堂山银发社区引入两家民营养老机构。祖堂山福利院采取公建民营模式后，床位就利用起来了。

## 五、公建民营养老项目优点

公建民营类的养老项目之所以受到政府、社会资本和社会公众等各方主体的青睐，主要基于其突出的优点。

### （一）国有资产不流失

地方政府在投资建设养老项目后，养老机构的土地、房屋和设施设备的所有权归自己所有，保证国有资产不流失。

### （二）社会公众利益最大化

通过与社会资本合作，地方政府拥有对民营资本在服务质量、服务价格方面的监督权，可以实现社会公众利益最大化。

### （三）充分发挥民间资本的优势

与政府大包大揽的公办公营养老机构不同，“公建民营”养老机构由民间资本来运营。而民间资本本身也不是完全来做公益事业的，其自身也面临着生存、发展的压力，也有股东的盈利要求和考核。那么，怎样才能保障民间资本既能实现盈利要求，又不违背公建民营养老机构的非营利性呢？这就要求民营资本一定要发挥自身的管理优势、机制优势、技术优势，在保障公建民营养老机构非营利性的前提下，通过各种商业化的手段创收，例如医疗保健、超市、停车收费等。当然，为支持公建民营养老机构持续稳定发展，政府要依据相关标准给予建设补贴、床位补贴和运营补贴，以减轻民间资本的运营压力，缩短投资回报周期。

### （四）社会资本缓解资金压力

养老项目前期投入大、盈利性较差、投资回报周期长。以公建民营操作养老项目，社会资本获得运营权，缓解了养老项目前期建设资金（土地、建设设备购买等）压力，降低投资风险，从而可以充分发挥自身在技术、管理等方面的优势，达到节约运营成本、提高经济和社会效益、为社会公众提供更好服务的目的。

调研发现，与 BOT、TOT、ROT 等 PPP 运作方式相比，社会资本尤其是民营资本对公建民营模式更为青睐。主要原因在于，一是民营资本可以享受到政府在财政、税收、补贴等方面的扶持政策；二是降低了民营资本参与养老服务项目的门槛，这也符合中央大力吸引民间资本进入公共服务领域的精神。

## 六、公建民营养老项目主要方式

### （一）委托经营

委托经营是指政府将新建的公办养老机构以合同的形式全部或部分委托民间资本运营，其主要特征是所有权与经营权分离，但所有者与经营者根本利益一致：以实现社会效益为目的，不以追求经济利润最大化为目标。

以北京汇晨老年公寓为例。汇晨老年公寓由北京市政府出资建设，该项目大胆创新，采取委托经营方式由民营企业经营。通过公开招标，北京某投资管理公司中标，负责该养老项目的运营。项目按照国际标准规范配备养老设施和服务人才，提高了服务质量。该项目是北京市公建民营养老机构的代表之作。

### （二）租赁经营

租赁经营是指政府将公办养老机构的场地及设施租给民间资本经营管理并收取租金的经营方式。同时，政府有权规定养老机构的经营方向和目标。租赁经营模式下，养老机构所有权归政府，民间资本作为承租方负责设施设备的维护责任。

以湖北省枝江市社会福利院（以下简称“枝江福利院”）为例。公开资料显示，枝江福利院是一家公办社会福利机构，于 1997 年动工兴建，2000 年 7 月投入使用，工程总投资 400 余万元。最初几年，枝江福利院面临老人入住率低、管理水平低、服务质量差和效益差等问题。2002 年，枝江福利院进行体制改革，实行“一院两制”的管理模式，即通过公开招标方式，将院内一部分公寓楼对外租赁经营，一部分由社会福利院经营。后来，又将福利院整体租赁经营，实现公建民营，并对资产归属、租金缴纳、利润分配和经营管理等方面做出了明确规定。为确保福利院有序运营，民政部门还设立专人负责对福利院运营进行监督管理，该项目取得了良好的经济效益和社会效益。

调研发现，随着国家对公办养老机构改革试点工作的铺开，各地公办养老机构朝着公建民营方向改革的越来越多。

## 七、需消除公建民营养老机构入住对象隐忧

如前所述，公建民营模式有着诸多的优点，政府和民营资本都非常看重。然而，不容否认的是，社会公众尤其是使用公建民营养老机构的老人还是有着较大的担忧：一是担心民营资本获得运营权后收取高额费用，将公建民营机构当作增收的工具；二是传统的公办养老机构主要功能是为“三无”老人、“五保”老人提供兜底保证，但在民营机构参与后，这些老人是否会不受重视甚至被“甩包袱”？也就是说，民营机构是否会转而将重点放在经济条件更好的老人身上？

很显然，公建民营养老机构的属性仍是公益性，要体现养老公共产品的福利性，承担起政府对部分集中供养对象的供养责任，其重要的目标是优先接收低收入老人和经济困难的失能、半失能老人

入住，并收取相对优惠的费用。那么，如何确保公建民营养老机构在运营过程中不违背国家政策的精神呢？如何确保民营资本不提高收费牟利呢？一方面，需要地方政府要选择与信誉好、能提供优质服务的民营资本合作。另一方面，地方政府一定要履行好监管职能，在与民营资本签订养老 PPP 项目合同时要以具体条款的方式明确，一定要让民营资本守住公建民营养老机构公益性的“底线”；同时，政府要通过财政、税收等优惠政策对民营资本进行补贴，真正让使用公建民营养老机构的老人们的担忧消弭于无形。

某养老社会福利中心（以下简称“本项目”）位于某市，由某市发改委批准建设，总占地面积 ××××× 平方米，建筑面积 ×××× 平方米，建设资金 ×××× 万元，购置设备设施 ××× 万元，共计投资 ××××× 万元。设计养老床位 ××× 张，内设两个功能区（失能区 ××× 张床位，高龄区 ××× 张床位），设有双人间、三人间等，各房间按需要配有独立卫生间、紧急呼叫系统、集团电话系统、有线电视系统、雾化消毒系统。三至六层设有氧气及吸痰系统等生活医疗保障设施。配有集中空调系统、新风系统、地采暖系统、无障碍通道、厨房餐厅、安保监控系统等公共服务设施；配有医务室、医用电梯等医疗设施；配有阅览室、棋牌室、书画室等室内文娱设施；配有 ××× 平方米的多功能厅用于老人室内活动；设有屋顶花园和院区活动场地。

本项目运营管理交由某社会资本按照 PPP 运营管理模式中的特许经营方式进行运营管理。社会资本提供的服务包括院区建筑及服务设施使用和维护管理，承担政府面向城市特困、农村五保、城市低收入、高龄、失能、失智、孤寡老人提供的养老服务保障，承担本行政区域内养老机构的示范引领、功能试验、专业培训、品牌推广的职能，提供创新自营“管制型”的社会化“医养结合”医疗、护理、康复等养老增值服务等。

在资产所有权交割方面，本项目的建设用地、地上地下建筑产权和室内外设施设备等资产属于国有，由社会资本使用、维护和管理，设备的大修或更新以国家标准或厂家规定的使用年限为准。本项目的建筑空间、场地和各类设施设备等（含医疗设施）只能用于养老服务和医疗服务或与养老服务相关的项目，不得改变用途。

本项目资产移交前，甲方（某市民政局，笔者注）聘请专业会计师事务所对资产进行评估，资产权属管理部门按照固定资产账册要求编制分类资产清单一式三份，由甲方和乙方（中选社会资本，笔者注）按照清单共同清点核查无误，并盖章确认后移交。

未经甲方同意及政府规划部门批准，乙方在经营管理期间不得改变建筑物主体结构，不得私自搭建违章建筑。乙方在经营管理期间为改善服务条件所投入的消防安保、医疗康复、绿化景观、照料服务和办公信息化等各类设施设备，必须单独建立固定资产账册列入固定资产管理。本合同到期或终止时，乙方在运营期间出资更新的各类设施设备归甲方所有。

甲、乙双方每年 × 月份以固定资产账务清查和固定资产实物盘点相结合的方式清查一次，清查时间为 10 个工作日，共同确认清查结果，以确保国有资产的完整有效。合同到期或终止时需要对固定资产进行清点，出现损坏、不能正常使用的需修复；遗失或报废的需赔偿满足同等技术条件的设备。此外，甲方有权按照经营管理监管范围和财务监管范围，对运营期间的国有资产安全管理、履行公益职能的效果、服务项目增减、老人入住变动、老人健康评估、社工活动开展、医护服务质量、公共服务安全、管理人员变化、服务人员配备和统计信息采集等事项进行监管。

甲方负责对乙方经营管理期间与养老床位和服务等收费相关的财务收支状况、收费标准调整、老人入院押金管理等进行监管，甲方负责每年 × 月 × 日至 × 日委托专业会计师事务所对乙方经营管理期间固定资产维护情况、运营财务状况和老人入住押金专门账户、管理发展资金等实施监管核查审计，并委托第三方监督评估机构根据服务内容、服务标准、评估标准和评估办法对养老机构服务管理实施绩效考核和督导评价，反馈评价意见并提出改进措施。评估结果决定乙方取得管理费的比例、享受床位费补贴的比例以及是否继续运行该机构的相关权利。

# 第三章

# 养老 PPP 项目落地案例

## 导　读

嘉祥九顶山养老服务和生态综合治理 PPP 项目

博山姚家峪生态养老中心 PPP 项目

开封民生养老院 PPP 项目的示范意义

某居家养老服务中心 PPP 项目

# 嘉祥九顶山养老服务和生态综合治理PPP项目

在2015年9月公布的财政部第二批PPP示范项目206个名单中，笔者研究发现，共有10个养老项目，约占所有项目的5%。在投资规模方面，10个养老项目的总投资金额约为196亿元，约占第二批PPP示范项目总投资金额6589亿元的3%。其中，山东省济宁市嘉祥九顶山养老服务和生态综合治理项目投资金额最多，总投资金额高达130.78亿元。

据了解，近年来，山东省济宁市经济发展迅猛，财政收入规模不断壮大。自中央和地方大力推广PPP后，济宁市先后举办了多次专题培训，邀请有关专家学者进行专题辅导。在“请进来”的同时，积极“走出去”，借鉴其他地方的先进经验，为推广运用PPP模式奠定了坚实的基础。下面，我们以山东省济宁市嘉祥九顶山养老服务和生态治理项目（以下简称“本项目”）为例来介绍山东省济宁市的养老 PPP 项目。

本项目位于山东省济宁市嘉祥县城南部山区，是集养老养生、旅游休闲度假、医疗保健、老年住宅、文化演艺、湿地公园、森林公园及棚户区改造建设为一体的高端养生养老综合社区项目。

## 一、项目背景

发展养老服务、推进生态治理是目前从中央到地方各级政府大力提倡并支持推广的民生工程。济宁市嘉祥县南部山区经过近年来的封山禁采、生态修复后，环境大为改观，基础设施也逐步完善。

根据济宁市养老床位严重不足的现实情况，结合嘉祥县独特的自然地理环境优势，当地政府拟以嘉祥县纸坊镇朱街村、张马街村、东山头村等自然村整体实行棚户区改造试点为契机，在南部山区打造以老年服务业为核心、以文化旅游服务业为主的棚户区改造社区，统筹推进生态综合治理，进一步缩小城乡差别，改善人居环境，推动城郊经济社会发展跃上新台阶，为全市乃至全省棚户区改造建设事业闯出一条新路。

## 二、项目内容及规模

本项目定位于“青山、碧水、桑田、家园”主题，以人为本，融入孔孟儒家文化，建设市政道路、绿化、公园、景观等工程和市政公用配套工程、养老养生公寓、医疗康复设施及社区配套工程，以及曾子研究院、曾子老年大学、曾子博物馆、曾子寺庙及曾子文化演艺广场等曾子孝贤文化项目。

本项目总投资 130.78 亿元，资本金 39 亿元。在投资结构方面，本项目由嘉祥县政府出资 10%，社会资本出资 90%，共同组建 PPP 项目公司进行项目运作，债权投资通过招商引资、社会融资、申请金融机构贷款、争取专项信贷支持等多种途径分期解决。

本项目规划建筑面积约 269 万平方米，养老养生城人口总规模约 6 万人。

## 三、项目运作模式

本项目以 PPP 模式下的 BOT（建设－运营－移交）方式运作。投资回报方式为使用者付费。经过科学的财务测算，在营业收入方面，正常运营年市政基础设施收入预计可达 3.0325 亿元，服务设施收入预计可达 25.7832 亿元，旅游收入预计可达 1260 万元。其他收入方面，养老补贴 2.6758 亿元，矿山地质环境治理、棚户区改造、林业、湿地保护、小型农田水利工程建设等各类专项资金 11.5715 亿元。不含养老费等收入项目，以上收入合计为 43.189 亿元。

为有效推动本项目的实施，形成推进 PPP 模式的工作合力，专门成立山东嘉祥九顶山养老服务和生态综合治理项目管理委员会。

## 四、项目建设期及运营期

本项目建设期 7 年（2015-2021 年），分四期工程交替搭接进行，实行边建设、边运营的模式，运营期 23 年。

## 五、效益分析

通过对本项目可实现利润水平分析预测，本项目运营年平均经营业务利润总额（所得税前）为 6.978888 亿元，所得税后为 5.24053 亿元。运营年平均投资利税率 2.58%，平均投资收益率（ROI）为 7.34%。

本项目的建设运营将对嘉祥县生态文明建设、老年福利事业及社会经济发展产生重要的作用。

# 博山姚家峪生态养老中心 PPP 项目

近年来，随着我国经济社会的快速发展，人们的生活水平日益提高，一种全新的养老理念——“生态养老”开始流行。

所谓“生态养老”，顾名思义，指的是老年人通过亲近自然生态环境，从而提高生活品质的一种全新养老模式。调研发现，当前我国越来越多的老人不再满足于离退休以后“提篮子、带孩子、绕着炉台子”的单调生活，他们希望走出家门，走到环境优美的大自然中，根据自身的兴趣和爱好，亲近自然、贴近自然，用各种方式享受生活和陶冶身心。具体来说，诸如养鸡养鸭、种草植花、采摘蔬果、上山锻炼身体等。

据了解，早在 2014 年 8 月，国务院常务会议就确定加快发展商业健康保险，助力医改、提高群众医疗保障水平；部署推进生态环保养老服务等重大工程建设，以调结构促发展、推升级。

数据显示，截至 2015 年年底，山东省淄博市 60 岁及以上老年人 93.2 万人，占全市总人数的 19.56%，博山区老龄化比例更是高达 24%。预计到 2020 年，淄博市老年人将达到 101.4 万人，占全市人口总数的 22.5%。按照联合国的标准，淄博市已步入老龄社会，人口老龄化率远远高于全国 15% 的平均水平。

目前，淄博市养老产业大部分处于传统的基本供养阶段，存在养老产品形式单一、服务低端等传统养老模式的共性问题，其发展水平无法满足人民群众日益增长的高品质养老需求。而与全国其他地方一样，地方政府无法单独支撑社会化的养老服务体系。

淄博市博山姚家峪生态养老中心项目是财政部第二批 206 个示范项目之一，也是其中 10 个养老 PPP 项目之一。博山区委、区政府从改善民生供给侧改革的高度，对项目进行了充分论证，认为抓住国家力推 PPP 模式的机遇，充分发挥姚家峪的生态优势、文化优势、区位优势，建设生态养老中心，是发展养生养老的最佳选择。该养老中心建成后，可容纳 10000 人养老，从护理、医疗、健康管理到文体活动、餐饮服务、日常起居，需要配备专业的管理和服务团队。该养老中心建成实施后，保守估计可实现约 5000 人持续就业，2000 户农民脱贫致富，对博山区经济社会发展产生积极而深远的影响。整个项目操作规范、程序严谨、步骤明确、进展迅速，被财政部列为优秀示范项目。

公开资料显示，山东省淄博市博山姚家峪生态养老中心 PPP 项目（以下简称“本项目”）地处博山城区西南，采用 PPP 模式下的 BOT 方式运作，合作期限 30 年。

本项目总投资 19.25 亿元，占地 29 公顷，总建筑面积 61 万平方米，主要建设内容包括社会福利养老中心、养老公寓、配套建设综合服务中心、医疗中心、商业中心、文体休闲中心等。

本项目以生态养生养老为基础，医疗、保健、康复为保障，建设养老与生态、文化、有机农业、旅游、互联网+等有机结合的养老社区。本项目分三期建设，建设周期5年，2015年10月开工建设，计划2020年4月全部竣工。项目全部建成后，可容纳10000人养生养老。

综合各方分析，本项目具有如下特点。

## 一、项目区域文化优势明显

山东省淄博市是齐文化的发祥地。博山古称“颜神镇”，是著名的华夏孝乡。博山是鲁菜的重要发源地，民间流传“吃了博山饭，围着天下转”的谚语。博山的文化底蕴深厚，孝文化、饮食文化、民俗文化交相辉映。养乐结合的高品质养老，在博山人的思想意识上接受程度非常高。

## 二、项目拥有优良的生态环境

博山是国家级风景名胜区，森林覆盖率58.1%，素有“千里鲁中一明珠”之称。景区面积73平方公里，由两个国家森林公园、两条溶洞等八大景区、两百余处景点组成。养老项目所处的姚家峪生态旅游度假区是国家3A级旅游景区，森林覆盖率达97%，拥有中国北方罕见的超大规模山地森林湖泊生态地貌。优美的自然风光、优质的生态环境提供了开展高品质养老服务的最佳条件。

## 三、项目交通区位优势明显

博山区是鲁中地区重要的交通枢纽，国道、省道、高速公路干线完善。姚家峪生态旅游度假区距离博山城区和高速路口仅10分钟车程，距离淄博市区（含高铁站）、莱芜市区均为35分钟车程，距离省会济南市区1小时车程，项目选址具备“离尘不离城”的区位优势。项目立足淄博，辐射周边济南、青岛、滨州、东营、莱芜等地。

## 四、项目物有所值评价高

2015 年 12 月，财政部印发《PPP 物有所值评价指引（试行）》的通知》（财金〔2015〕167 号），这份文件和《PPP 项目财政承受能力论证指引》一道，成为 PPP 项目必须迈过的“门槛”。

资料显示，2015 年 5 月，山东省淄博市博山区财政局会同区民政局组织财务、资产评估、金融、法律、工程等方面专家，对本项目进行了物有所值评价工作。参评人员本着客观公正的审核原则，严格遵循相关法律法规及国务院、财政部有关文件精神，对项目可行性研究报告、项目产出说明和初步实施方案等资料进行了认真审核，对项目进行定性、定量分析，以定性评价为主，主要从采用 PPP 模式与传统模式相比是否增加供给、优化风险分配、提高运营效率等方面进行定性评价。

参评专家认为本项目采用 PPP 模式，一是可以减轻财政压力，吸引社会资本和金融资本，加快地区养老事业发展，有效控制地方债务规模；二是通过引进具有先进建设及运营管理经验的社会资本方合作，达到节约项目成本、提高项目运营效率的目的；三是与传统模式相比，有效化解了政府的风险，将项目的风险在政府和社会资本间合理的分配。本项目通过物有所值评价。

## 五、财政承受能力论证

根据财政部《政府和社会资本合作项目财政承受能力论证指引》（财金〔2015〕21 号），“财政承受能力论证是指识别、测算政府和社会资本合作项目的各项财政支出责任，科学评估项目实施对当前及今后年度财政支出的影响，为 PPP 项目财政管理提供依据”。因此，财政承受能力是 PPP 项目中的各项财政支出责任，主要包括股权投资、运营补贴、风险承担、配套投入等。财政部《关于进一步做好政府和社会资本合作项目示范工作的通知》（财金〔2015〕57 号）规定:“示范项目所在地财政部门要认真做好示范项目物有所值定性分析和财政承受能力论证，有效控制政府支付责任，合理确定财政补助金额，每一年度全部 PPP 项目需要从预算中安排的支出责任占一般公共预算支出比例应当不超过 10%。”该规定明确了政府支出责任占年度公共预算支出比例的上限，保证了政府财政支付的能力，确保财政资金支持到位和项目的长期安全运行。

2015 年 5 月，博山区财政局会同区民政局组织财政、财务、金融、法律等方面的专家，对本项目进行了财政承受能力论证工作。在论证工作中，参评人员对本项目申报初步实施方案及可行性方案报告等进行认真审核，从本项目盈利能力、投资回报、清偿能力等方面进行分析，科学识别政府支出责任。本项目属于使用者付费项目，区政府在项目建设期承担 8508 万元的股权出资，且分 3 年出资到位，平均每年出资 2836 万元，只占当地 2015–2017 年度一般公共预算支出的 1% 左右；区政府在项目运营期给予项目公司床位补贴 1000 元 / 床，共计 1000 万元，占一般公共预算支出总额的 0.42%；综合全区其他 PPP 项目的支出责任，符合“每一年度全部 PPP 项目需要从预算中安排的支出责任，占一般公共预算支出比例不超过 10%”的要求。本项目通过财政承受能力论证。

# 开封民生养老院PPP项目的示范意义

财政部PPP中心公布的2017年度全国PPP项目信息情况报告显示，截至2017年12月末，全国PPP综合信息平台收录到管理库和储备清单的PPP项目共有14424个，总投资额为18.2万亿元。其中，管理库项目7137个，储备清单项目7287个。然而，与十万亿PPP规模不相称的，却是PPP项目在我国落地率不高的问题。调研显示，一片火热的PPP推广背景下，大概只有10%到20%左右签订了合同。更有权威专家指出，如果将大部分处于识别阶段的项目纳入计算基数，执行阶段的项目数与入库项目总量相比，实际的签约率不足5%，落地难的问题十分突出。

调研发现，在养老PPP领域，无论是项目情况，还是落地率情况，都不容乐观。不仅如此，国家大力推广PPP的初衷是吸引广大民间资本的参与。然而，事实上我国目前的PPP项目主要由央企和地方国企操作，民间资本对 PPP 项目的兴趣有待提高。2015 年 8 月，全国工商联发布的报告显示：2014 年通过 PPP 等方式进入公共服务及基础设施建设与运营领域的民营企业 500 强共有 58 家，占比 11.6%；有意向进入的企业有 136 家，占比 27.2%。据估计，目前在全国开展的 PPP 项目中，只有不到 5% 的“社会资本”来自名副其实的民营企业。

令业内人士欣喜的是：近年来也涌现了民间资本投资养老 PPP 项目的成功案例，具有较大的借鉴意义，如河南省开封市民生养老院 PPP 项目（以下简称“本项目”）。

公开资料显示，本项目被列为财政部第二批政府和社会资本合作（PPP）示范项目、河南省第一批政府和社会资本合作（PPP）推介项目、开封市首批政府和社会资本合作（PPP）推介项目。本项目最终由民营资本中标，政府通过创新项目可行性缺口补助支付的方式——以实物补偿替代货币补偿，实现了地方财政不掏一分钱却成功操作这一兼具公益性的养老项目。

据了解，河南开封市现有 60 岁以上老人 69.46 万人，占全市总人口的 15.1%。河南省统计年鉴数据显示，开封市人口老龄化进程快于全国水平：2014 年，开封市 65 岁及以上人口在全市总人口中占比已经达到 10.2%。按照联合国的传统标准，开封市进入老龄化社会。此外，国务院定下的中期目标是，到 2020 年，全国社会养老床位数达到每千名老年人 35 到 40 张。截至 2014 年，开封市每千名老年人拥有床位数仅为 21 张，要达到国务院定下的目标，还需要近两万张床位。

在经济方面，与河南省内其他城市相比，开封市工业发展较为落后，人均 GDP 在河南省 18 个地级市中排名第十三位，2015 年市财政收入首次过百亿元。

在经济发展和养老短板的现实面前，政府与社会资本合作的

PPP 模式为开封市创造了条件。

本项目位于开封市，占地面积 47301 平方米，规划地上建筑面积 56000 平方米，地下车库面积 7200 平方米，总床位数 1500 张。本项目由两部分构成：一是中央投资项目——市社会福利院老年养护楼，总建筑面积 21250 平方米，床位数 500 张，以孤寡老人为主要服务对象；二是社会引资项目，建筑面积约 34750 平方米，地下车库面积 7200 平方米，包括综合楼、康复楼、智障老人公寓楼、家居养老楼、自理型老人公寓及配套设施等建筑，床位数 1000 张。

本项目位于开封市福利园区东区，拟打造“立足开封、辐射全省、设施先进、环境优美、服务优质、管理高效”的示范性大型养老服务机构。本项目按照国家四星级养老服务机构标准建设，是集“三无老人”养老、社会养老服务、居家养老、养老护理培训、文化娱乐、医疗保健、购物餐饮等为一体的综合性养老机构，建成后将成为开封市规模最大的养老服务中心。

在运作模式上，本项目采用 PPP 模式下的 BOT 方式。2016 年 4 月，本项目经过公开招标，由河南当地企业组成的联合体中标。项目合作期限为 30 年（含建设期 2 年，运营期 28 年），本项目总投资为 2.2 亿元，包括土地费用 2870 万元。主体工程投资为 15330 万元，由社会资本全部投资；政府配套工程投资为 3800 万元，其中社会资本投资 2370 万元，中央投资 1430 万元。社会资本总投资为主体工程投资 15330 万元和配套工程投资 2370 万元，共计 17700 万元。项目资本金要求为项目总投资的 20%，即 4400 万元，项目融资比例不得超过社会资本总投资的 80%。

本项目由社会资本独立出资设立项目公司。合作期内，项目实施机构负责本项目配套工程的部分投资（中央投资）和建设；项目公司负责本项目的主体工程全部投资建设和配套工程的部分投资，以及全部项目设施的运营、维护和管理，并通过提供养老服务获得使用者付费以及可行性缺口补助收回投资并获得合理回报。合作期届满后，项目公司将项目设施无偿、完好地移交给项目实施机构或政府指定的其他机构。

我国养老行业情况较复杂，具有前期投资较大、回报周期长等特点。因此，我国养老项目采用 PPP 模式还在探索中。开封养老院项目的一大特点是参与项目的民营公司长期运营这一项目。

本项目主体工程完全由社会资本投资建设，建成后主要用于市场化经营，一个床位每个月收入大概为 2600 元，总计提供 1000 个养老床位，在收费的基础上还有一定的资金缺口，需要财政补贴。项目的配套工程则由社会资本方和政府共同投资。开封市政府拥有 500 张床位，当地“三无老人”目前只有 50 名，政府富余 450 张床位。

经过科学测算，社会资本的资金缺口大约相当于 255 张床位收益。因此，政府将自己富余的床位拿出 255 张交由社会资本进行市场化经营，以床位来替代货币补贴。本项目的可行性缺口补助采用以实物补偿替代货币补偿，这一创新减轻了地方政府财政压力。这种“以投资换床位，以床位补缺口”的方式，既保障了社会资本的盈利空间，又将财政压力降到最低。此外，政府还富余约 200 张床位，为提高资源利用效率，这些床位也会交给社会资本运营，政府享有部分运营收益的 80%。此外，为了吸引社会资本参与开封养老项目，地方政府在土地租金上给予了优惠。

2016 年 7 月，本项目正式签约，这标志着总投资 2.2 亿元、设置床位 1500 张的国家四星级养老服务机构正式开始落地。

本项目所在地相关政府工作人员称，总投资 2.2 亿元、1500 张床位、四星级服务标准、有养护有医疗，依靠开封市自身的财力，这样的项目以前想都不敢想。正是因为有了 PPP 模式，开封这样的中小型城市才有可能建设这样的养老项目。开封养老项目带了好头——民营企业来运营这一项目，也增强了民间资本参与 PPP 项目的信心。

业内人士认为，本项目的落地将缓解开封市养老床位供求紧张的局面，开创了我国养老产业政府与社会资本合作的新模式，对养老服务起到一定的示范引领作用。

总之，本项目兼具市场经营性和社会公益性，对带动开封市养老产业发展及为我国养老 PPP 项目积累经验都具有重要的价值。

# 某居家养老服务中心 PPP 项目

2017 年 7 月，国家发展改革委印发《关于加快运用 PPP 模式盘活基础设施存量资产有关工作的通知》，率先部署运用 PPP 模式规范有序盘活优质存量资产，并组织各地报送了 38 个采用 PPP 模式盘活存量资产项目的案例，重点评审存量项目采用 PPP 模式的适用性、技术与管理的示范性、社会资本方选择的竞争性、行业的代表性等因素。

下面，我们以某居家养老服务中心 PPP 项目为例来介绍养老 PPP 项目。

## 一、项目基本概况

自 21 世纪以来，某市某区进入老龄化社会，老年人口数量增长很快。数据显示，截至 ×××× 年底，某区人口超过 ××× 万人，其中 60 岁以上的老年人占总人口数的比例超过 18%。不仅如此，某区老年人口每年的增长速度高达 5% 至 6%。总的来说，某区老年人及养老情况特点为：一是人口基数大，二是高龄老人比例高，三是空巢老人逐年增多，四是家庭养老功能不足。从完善政府社会公共服务的角度讲，某区亟待发展养老服务事业。

在此背景下，某市某区启动某居家养老服务中心 PPP 项目（以下简称“本项目”），本项目通过开展政府和社会资本合作方式，引入社会资本投资建设和运营管理某区 × 多个居家养老服务中心网点，为某区 ×× 多万名 60 岁以上老年人提供居家养老服务。

本项目总建筑面积约 × 万平方米，总投资约 × 亿元，其中新建服务中心网点由社会资本负责，改扩建内容由政府方负责。本项目合作期限为 ×× 年（含建设期）。

本项目以新组建的 SVP 项目公司为主体、社区（村）居家养老服务中心网点为纽带，满足老年人各种服务需求的信息化、智能化居家养老服务。具体来说：为老年人提供居家养老便捷服务，比如老年供餐、日间照料、老年活动中心等形式多样的养老服务项目；上门为居家老年人提供助餐、助浴、助洁、助急、助医等规范化、个性化定制服务；提供老年人文体娱乐服务，开展适合老年人的群众性文化体育娱乐活动；提供智慧养老服务，通过某区“智慧社区”养老服务平台，提供紧急呼叫、家政预约、健康咨询、法律服务、物品代购、服务缴费等智慧养老服务。

## 二、项目运作模式

某市某区政府授权区老龄办作为政府实施机构，委托 PPP 咨询机构提供从 PPP 实施方案编制到合同签订的全过程专业服务。本项目采用“BOT+O&M”（建设—运营—移交 + 委托运营）的方式。

本项目自发起后先后完成了项目申请报告、项目可行性研究报告的审批。本项目“两评一案”通过后，实施机构通过竞争性磋商方式选定合格社会资本方。

本项目由政府授权企业和选定的社会资本方共同出资成立 PPP 项目公司，其中政府方和社会资本方占股比例为 20%: 80%。PPP 项目公司承担融资、建设、运营责任，项目公司以其全部财产对其债务承担责任。本项目运营期间，所有资产产权均属于政府所有。项目公司以零租金方式使用土地和场所。

某区政府授权 PPP 项目公司 ×× 年特许经营期，特许经营范围涵盖居家养老的相关全产业链。特许经营到期后，PPP 项目公司将本项目全部设施无偿移交给政府指定机构。

本项目风险分配方面，按照风险分配优化、风险收益对等和风险可控等原则，综合考虑政府风险管理能力、项目回报机制和市场风险管理能力等要素，在政府和社会资本间合理分配项目风险。原则上，项目设计、建造、财务和运营维护等商业风险由社会资本承担，法律、政策等风险由政府承担，不可抗力等风险由政府和社会资本合理共担。

## 三、项目回报机制

项目公司的投资回报主要由三种方式组成。

### （一）使用者付费部分

由项目公司为老年人提供日常生活照料、精神慰藉服务和家政等有偿服务。使用者付费标准和方法根据市场行情而定，主要采用政府指导与市场调节相结合的定价机制，收费标准参照行业平均水平或略低于行业平均水平。

### （二）政府付费部分

本项目政府付费部分主要包含两部分：政府固定补助、政府民生补助。

**1. 政府固定补助**

在本项目合作期限内，项目公司根据《某市人民政府关于加快发展养老服务业的实施意见》的精神，获得按照政府批准的固定补助。

**2. 政府民生补助**

在本项目合作期限内，具有某区户籍且在本市区内居住的年满 60 周岁的“三无”或低保老人可享受政府购买的 ××× 元 / 月的居家养老服务护理补贴；评估为中度失能以上的老人，可以享受 ××× 元 / 月的居家养老服务护理补贴；空巢、独居的老人可享受政府购买的 ××× 元 / 年爱心慰问服务。

### （三）可行性缺口补助

本项目按照风险分配机制对项目公司风险超过上限的支出启动补贴或调节 / 调价机制，由政府给予项目公司一定的经济补助，以弥补使用者付费之外的缺口。此外，项目公司在分配当年税后利润时，应当提取利润的 ×% 作为公司法定公积金。公司法定公积金累计额达到公司注册资本 ×% 以上时可以不再提取。公司弥补亏损和提取公积金后所余税后利润由股东按照各自持有的实缴股权比例分配。

## 四、项目借鉴价值与示范意义

自 PPP 项目公司成立以来，积极推动项目网点建设，在某区初步建立了一个范围广、功能多的社区养老服务网络。每个社区居家养老服务中心均设有老年活动室、医疗康复室、阅览室、日间照料室、医疗室、理发室、棋牌室、社区食堂、老年大学等功能区，提供“助餐、助浴、助洁、助聊、助安、助急、助行、助医、助乐、助学”十助服务，项目公司提供的各类服务受到老人一致欢迎。

### （一）缓解财政资金压力、化解政府债务、提高项目服务质量

养老属于民生工程，居家养老服务中心需求多样、投入大、运行专业，仅靠某市某区财政难以实施。在国家大力推广 PPP 模式的

大背景下，某市政府结合自身建设和运营养老服务中心能力不足的实际情况，采用 PPP 模式建设运营本项目，引入优质社会资本，发挥社会资本资金、技术和管理优势，一方面可以弥补公共财政资金的不足、化解政府债务，另一方面还可以提高项目的服务质量，改善当地养老服务水平。不仅如此，本项目还加快实现了某区养老服务业整体的规划和发展。本项目相关单位科学规划全区养老事业和产业发展，分别编制了全区健康养老产业发展专项规划和养老设施布局规划（2015—2030 年），对全区养老产业发展进行综合规划、对社区养老服务中心进行标准化设计和功能定位，明确了发展目标任务和工作措施。

### （二）盘活存量资产

经调查，某市某区城区有 × 多个社区共计 × 万多平方米既有建筑，资产产权单位主要是某区国资局（含代管、国企）、区建投、乡镇街道、村委会（居委会）、开发商、小区业主等。这些存量资产中相当部分是长期闲置的非临街商业用房，属于不能有效盘活的资产，反而在一定程度上增加了政府管理资源的成本。通过实施本项目，在不改变资产权属的情况下，政府在约定的期限内以零租金租赁给项目公司使用，既盘活了存量资产，又达到了解决政府养老难题。

### （三）回报机制合理

调研发现，由于我国养老事业水平不高和区域经济发展不平衡，我国当前养老项目尤其是中西部地区的养老项目服务定价普遍不高。因此，仅仅依靠项目经营性收费无法使社会资本获取合理的收益，有时甚至无法完全覆盖项目公司的建设和运营成本。本项目根据实际情况和财务测算，采取使用者付费 + 政府补助和可行性缺口补助，社会资本能够实现合理的回报；同时，降低了社会资本的投资风险，提高了社会资本的投资积极性。

### （四）绩效考评严谨

本项目作为有政策补贴的 PPP 项目，在保障社会资本投资回报的同时，设置了严谨的绩效考评机制，以确保公共利益最大化：一是 PPP 项目公司需要提供相应服务才可获得政府民生补助；二是编制了《项目绩效考核指标及相关考核表》，每年 1 月和 7 月，政府依据“考核表”组织民政等相关职能部门对项目进行考核，考核通过后项目公司可获得全额补助资金。第一次考核不通过，项目公司需进行整改。如果第二次考核不通过，政府有权自行或委托第三方进行必要的整改，整改等一切费用由 PPP 项目公司承担，并相应减扣补助金额。

### （五）整体效率水平得到提高

本项目自投入运营以来，相比政府方运营成本更低，提供的服务质量更高，具有示范意义。因此，本项目先后迎接了民政部、国家开发银行以及相关省、市的有关部门等数十次的考察调研，获得了社会各界的肯定。

# 第四章

# 我国医疗 PPP 现状

## 导　读

医疗 PPP 处于起步探索阶段

推广医疗 PPP 面临的主要困难

# 医疗 PPP 处于起步探索阶段

调研发现，在国家和地方政府的大力推动下和各类社会资本的积极参与下，我国 PPP 推广呈风起云涌之势。然而，并非每个行业都是热火朝天。根据国务院办公厅转发的财政部、国家发展改革委、人民银行《关于在公共服务领域推广政府和社会资本合作模式的指导意见》（国办发〔2015〕42 号），PPP 共包括能源、交通运输、水利建设、生态建设和环境保护、市政工程、片区开发、农业、林业、科技、保障性安居工程、旅游、医疗卫生、养老、教育、文化、体育、社会保障、政府基础设施和其他等 19 个行业。在这 19 个行业中，交通运输、生态建设和环境保护、市政工程的 PPP 项目数量、投资额都位居前列，但其他行业（如旅游、医疗卫生、养老、教育、文化、体育类）的 PPP 项目的数量、投资额都是非常少的。

总的来看，同养老 PPP 类似，医疗 PPP 在我国尚处于探索阶段。

## 一、国家政策鼓励医疗行业采取 PPP 模式

国务院办公厅印发《关于促进社会办医加快发展的若干政策措施》(国办发〔2015〕45 号),指出:进一步放宽准入,清理规范医疗机构设立审批。明确并向社会公开公布举办医疗机构审批程序、审批主体和审批时限。各级相关行政部门要按照“非禁即入”原则,全面清理、取消不合理的前置审批事项,整合社会办医疗机构设置、执业许可等审批环节,进一步明确并缩短审批时限,不得新设前置审批事项或提高审批条件,不得限制社会办医疗机构的经营性质,鼓励有条件的地方为申办医疗机构相关手续提供一站式服务。

为进一步完善医疗卫生服务体系,实现人人享有基本医疗卫生服务,推进健康中国建设,2016 年 12 月,国家发展改革委印发《全民健康保障工程建设规划》,提出到 2020 年,在中央和地方的共同努力下,我国将全面改善医疗卫生薄弱环节基础设施条件,明显提升医疗卫生服务能力,为实现人人享有基本医疗卫生服务和全面建成小康社会提供坚实保障。

鉴于当前我国公共卫生和医疗服务基础设施较为薄弱,以 PPP 模式建设医疗机构有利于提升医疗服务的供给数量和效率。

梳理发现,国家出台了不少政策鼓励医疗行业采取 PPP 模式,如表 4–1 所示。

表 4–1 国家政策支持医疗行业 PPP

| 序号 | 文件名称 | 主要内容 |
|---|---|---|
| 1 | 《国务院关于鼓励和引导民间投资健康发展的若干意见》(国发〔2010〕13 号) | 鼓励民间资本参与发展医疗事业。支持民间资本兴办各类医院、社区卫生服务机构、疗养院、门诊部、诊所、卫生所(室)等医疗机构,参与公立医院转制改组。 |

续表 4-1

| 序号 | 文件名称 | 主要内容 |
| --- | --- | --- |
| 2 | 国家发展和改革委员会等《关于加快推进健康与养老服务工程建设的通知》（发改投资〔2014〕2091 号） | 健康与养老服务项目优先考虑社会资本。在公立资源丰富的地区，鼓励社会资本通过独资、合资、合作、联营、参股、租赁等途径，采取政府和社会资本合作（PPP）等方式，参与医疗、养老、体育健身设施建设和公立机构改革。 |
| 3 | 《国务院关于创新重点领域投融资机制鼓励社会投资的指导意见》（国发〔2014〕60 号） | 积极推进公立医院资源丰富地区符合条件的医疗事业单位改制，为社会资本进入创造条件，鼓励社会资本参与公立机构改革。鼓励社会资本加大社会事业投资力度。通过独资、合资、合作、联营、租赁等途径，采取特许经营、公建民营、民办公助等方式，鼓励社会资本参与医疗设施建设。各级政府逐步扩大医疗等政府购买服务范围，各类经营主体平等参与。将符合条件的各类医疗机构纳入医疗保险定点范围。 |
| 4 | 《国家发展和改革委员会关于开展政府和社会资本合作的指导意见》（发改投资〔2014〕2724 号） | PPP 模式主要适用于政府负有提供责任又适宜市场化运作的公共服务、基础设施类项目。燃气、供电、供水、供热、污水及垃圾处理等市政设施，公路、铁路、机场、城市轨道交通等交通设施，医疗、旅游、教育培训、健康养老等公共服务项目，以及水利、资源环境和生态保护等项目均可推行 PPP 模式。各地的新建市政工程以及新型城镇化试点项目，应优先考虑采用 PPP 模式建设。 |
| 5 | 《国务院办公厅转发卫生计生委等部门关于推进医疗卫生与养老服务相结合指导意见的通知》（国办发〔2015〕84 号） | 明确对符合条件的医养结合机构，按规定落实好相关支持政策，拓宽市场化融资渠道，探索政府和社会资本合作（PPP）的投融资模式。 |

续表 4-1

| 序号 | 文件名称 | 主要内容 |
| --- | --- | --- |
| 6 | 《国家卫生计生委关于深化“放管服”改革激发医疗领域投资活力的通知》(国卫法制发〔2017〕43号) | 进一步激发社会资本参与医疗领域投资的十项举措旨在降低该领域的准入门槛，取消社会资本参与医疗领域投资产生的不必要的审批和限制。 |
| 7 | 《国务院办公厅关于进一步激发社会领域投资活力的意见》(国办发〔2017〕21号) | 进一步扩大投融资渠道，引导社会资本以政府和社会资本合作（PPP）模式参与医疗机构建设运营，开展PPP项目示范。 |

## 二、医疗 PPP 正处于起步探索阶段

数据最有说服力。以 2016 年 10 月财政部公布的第三批 516 个 PPP 示范项目为例，示范项目计划总投资金额 11708 亿元，覆盖了能源、交通运输、水利建设、生态建设和环境保护、市政工程、城镇综合开发、农业、林业、科技、保障性安居工程、旅游、医疗卫生、养老、教育、文化、体育、社会保障和其他 18 个一级行业。其中，市政工程、交通运输、生态建设和环境保护、城镇综合开发 4 类行业项目数最多，占比分别为 43%、12%、9%、6%，合计占比达 70%；交通运输、市政工程、城镇综合开发、生态建设和环境保护的投资额最大，占比分别为 43%、27%、10%、7%，合计占比达 87%。进一步研究发现，第一、二、三、四批 PPP 示范项目中，医疗领域的 PPP 项目所占的比例都不高，见表 4-2、表 4-3、表 4-4。

表 4-2　　财政部第一批 PPP 示范项目医疗行业项目

| 序号 | 项目名称 | 省份 | 类型 | 行业领域 |
| --- | --- | --- | --- | --- |
| 1 | 如东县中医院整体迁建项目 | 江苏 | 存量 | 医疗服务 |

表 4-3 财政部第二批 PPP 示范项目医疗行业名单

| 省市 | 序号 | 项目 | 领域 | 总投资（亿元） |
|---|---|---|---|---|
| 河北 | 1 | 承德市宽城满族自治县中医院迁址新建一期 | 医疗 | 1.2 |
| 山西 | 2 | 太原市妇幼保健院迁建工程 | 医疗 | 12.31 |
| 内蒙古 | 3 | 包头市包医国际医院 | 医疗 | 10 |
| 河南 | 4 | 濮阳市濮阳县人民医院新院区建设 | 医疗 | 4.1 |
| | 5 | 濮阳市肿瘤医院 | 医疗 | 5 |
| | 6 | 灵宝市第一人民医院建设 | 医疗 | 6.6 |
| | 7 | 洛阳平乐正骨医院 | 医疗 | 4.88 |
| | 8 | 洛阳仁大医院 | 医疗 | 6 |
| | 9 | 荥阳市人民医院整体建设 | 医疗 | 7.37 |
| | 10 | 周口市中医院东区医院建设 | 医疗 | 8.78 |
| 湖北 | 11 | 宜昌市妇幼保健院（市儿童医院）新院区建设 | 医疗 | 5 |
| 湖南 | 12 | 邵阳市第二人民医院异地扩建 | 医疗 | 8.5 |
| 广西 | 13 | 贺州市八步区人民医院 | 医疗 | 5.92 |
| 海南 | 14 | 乐东黎族自治县中医院工程建设 | 医疗 | 4.07 |
| 贵州 | 15 | 铜仁市德江县人民医院城北新区（一期） | 医疗 | 8.57 |
| 云南 | 16 | 泸西县中医医院整体迁、扩建 | 医疗 | 3.5 |
| | 17 | 弥勒市中医医院迁建 | 医疗 | 4.34 |
| | 18 | 玉溪市儿童医院建设 | 医疗 | 5.62 |

表 4–4　　财政部第三批 PPP 示范项目医疗卫生名单

| 序号 | 所属省 | 项目名称 | 总投资（亿元） | 一级行业 |
|---|---|---|---|---|
| 1 | 河北省 | 河北省唐山市曹妃甸区工人医院 | 2.7 | 医疗卫生 |
| 2 | | 河北省承德市滦平县医院新院区建设 PPP 项目 | 4.8393 | 医疗卫生 |
| 3 | 内蒙古自治区 | 内蒙古自治区通辽市科尔沁区第四人民医院 PPP（医养结合）项目 | 7.13 | 医疗卫生 |
| 4 | | 内蒙古自治区通辽市霍林郭勒市河东新区中蒙医院工程项目 | 1.9601 | 医疗卫生 |
| 5 | | 扎赉特旗康复中心建设项目 | 0.5 | 医疗卫生 |
| 6 | 安徽省 | 安徽省淮南智慧城市民生领域建设 PPP 项目（智慧医疗） | 1.2619 | 科技 |
| 7 | 福建省 | 福建省三明市宁化县医院新建项目 | 8 | 医疗卫生 |
| 8 | 山东省 | 山东省菏泽市妇女儿童医院项目 | 6.146 | 医疗卫生 |
| 9 | 青岛市 | 青岛市市立医院东院二期工程 PPP 项目 | 9.2881 | 医疗卫生 |
| 10 | 湖北省 | 宜昌夷陵妇女儿童医院建设（PPP）项目 | 4.2079 | 医疗卫生 |
| 11 | 广东省 | 中医院二期内科大楼 | 0.899 | 医疗卫生 |
| 12 | 海南省 | 乐东县第二人民医院建设工程 PPP 项目 | 6.5196 | 医疗卫生 |
| 13 | 四川省 | 四川省巴中市恩阳医养园建设项目 | 10 | 医疗卫生 |
| 14 | 云南省 | 云南省第一人民医院新昆华医院一期综合医院 PPP 项目 | 23.5043 | 医疗卫生 |
| 15 | 陕西省 | 户县中医医院整体搬迁暨门诊综合楼建设项目 | 3.7027 | 医疗卫生 |

续表 4–4

| 序号 | 所属省 | 项目名称 | 总投资（亿元） | 一级行业 |
|---|---|---|---|---|
| 16 | 宁夏回族自治区 | 宁夏永宁县人民医院迁建 | 5 | 医疗卫生 |
| 17 | | 宁夏利通区回医药研究创业基地 PPP 项目 | 2.92 | 医疗卫生 |
| 18 | 青海省 | 海东市儿童诊疗中心 PPP 项目 | 1.01 | 医疗卫生 |

## 三、医疗行业 PPP 特点

根据财政部《政府和社会资本合作模式操作指南（试行）》（财金〔2014〕113 号），PPP 模式包括委托运营、管理合同、建设 – 运营 – 移交（BOT）、建设 – 拥有 – 运营（BOO）、转让 – 运营 – 移交（TOT）和改建 – 运营 – 移交（ROT）等多种模式，这些模式可以广泛运用到城市供水、供暖、供气、污水和垃圾处理、医疗、养老、文化、教育、地下综合管廊和轨道交通等领域。

就医疗行业 PPP 项目而言，目前我国主要是公立医院以 PPP 项目操作，而公立医院 PPP 项目主要包括新建、改扩建、存量等类型。具体来说，新建项目多数选择建设 – 运营 – 移交（BOT）运作方式，改扩建类项目主要采取改建 – 运营 – 移交（ROT）运作方式，存量类项目主要采取转让 – 运营 – 移交（TOT）运作方式。

以医疗 BOT 项目为例，通常情况下，地方政府授予社会资本或 PPP 项目公司特许经营期内的经营权，社会资本或 PPP 项目公司负责医院的投资、融资、建设、运营维护（如物业管理、少数涉及核心医疗服务），地方政府则负责运营核心医疗资源（有的项目核心医疗资源由社会资本负责运营）。经营期满后，社会资本或 PPP 项目公司将项目资产无偿移交给地方政府。

# 推广医疗 PPP 面临的主要困难

虽然在国家大力推广 PPP 的大背景下，我国 PPP 项目推进风起云涌，但从实际推进和落地情况来看，医疗领域的 PPP 推进情况不容乐观，还面临不少的现实困难。

## 一、运作方式比较单一

运营是 PPP 模式最重要的环节之一。需要指出的是，医疗领域的 PPP 项目与其他领域的 PPP 项目运营内容有所不同。

调研发现，多数社会资本参与医疗 PPP 的重要原因之一，都希望能够运营核心医疗服务，但这需要具备两个前提条件：一是社会资本本身具备医疗运营资质，能够提供核心医疗服务；二是地方政府愿意与社会资本达成合作意向，将核心医疗服务交给社会资本。前述两个条件缺一不可。分析指出，如果社会资本能够运营医疗机构核心医疗服务，那么可以通过医疗服务收入、药品销售收入、医院后勤管理收入、非医经营性用房的租赁收入及其他医院非医板块的收入实现投资回报。然而，在当前我国医疗体制下，社会资本要实现运营医疗机构核心医疗服务的目标困难重重：比如核心医务人员的编制问题、收入问题、管理问题等。

从实际运作情况来看，地方政府与社会资本采取 PPP 模式操作医疗项目，在具体的内容分配上，多数医疗 PPP 项目政府掌握核心医疗资源，社会资本则主要负责融资、建设及物业管理部分（食堂、超市、停车等）。此外，还有部分医疗 PPP 项目社会资本辅助医疗服务。因此，医疗 PPP 项目运作方式比较单一。具体来说，公立医院 PPP 项目中，政府掌握核心医疗服务运营、留存利润分配，社会资本回报方面存在一定障碍。因此，社会资本投资医疗 PPP 的积极性不高。

如上所述，基于多方面原因，社会资本在与地方政府开展医疗 PPP 项目合作时，多数社会资本的运营内容都不含核心医疗服务，项目的核心医疗服务仍需原公立医院负责。在这种情况下，社会资本或 SPV 项目公司通过向医院提供基础设施等硬件运营服务（如停车场、超市等物业管理）或其他辅助性服务（辅助医疗服务除养生保健、护理服务、药品耗材和医疗器械供应服务、医护业务培训等服务内容）并收取相关费用以获得经营性收益[①]。

下面是某医院整体搬迁建设 PPP 项目（以下简称“本项目”）。

本项目为新建项目，经某县人民政府授权，某县人民医院为本项目实施机构。

本项目提供的公共产品内容为：新建门诊医技楼 ×××× 平方

① 2016 年，国家卫生计生委明确医学影像诊断中心、医学检验实验室、病理诊断中心及血液透析中心属于单独设置的医疗机构，为独立法人单位。根据实际情况，公立医院 PPP 项目可将上述非基本医疗服务纳入辅助医疗服务的合作范围（剔除要求省级集中采购的部分）。

米，病房楼 ×××× 平方米，行政管理用房、体检中心 ××× 平方米，辅助用房 ×××× 平方米，地下建筑包括人防急救医院、人防二等掩蔽所、人防物资库等。配套建设室外给排水、供暖、供电、通讯、消防等公用配套设施。

本项目建成后，医院规模扩大，就医床位大幅增加，改善了医疗环境及布局，改善了医院的医疗服务设施条件，改善了广大患者的就医环境，医疗水平进一步提高，让当地广大患者可以就近享受先进的医疗服务，满足人民群众日益提高的生活需求。

本项目总投资 × 亿元。政府方出资代表和中标社会资本分别按资本金的10%和90%共同组成项目公司，项目公司依据项目资金需求自行选择融资方式进行项目融资，社会资本对项目公司的融资予以保障。

在项目的运营维护方面，地方政府与社会资本约定：本项目验收合格后，某县人民医院负责核心医疗业务的运营维护，项目公司负责核心医疗业务以外的运营维护工作和后勤保障运营服务，包括电（扶）梯设备保养、水电设施维修、物业服务、浴室、招待所、食堂、超市、洗衣房和停车场的运营管理及维护。其中，物业服务包括整个医院的保卫、保洁、垃圾处理等。政府方负责制定项目的运营维护标准。政府方股东代表对项目公司的维护工作安排具有审核权和监督权。

## 二、核心医护人员缺乏

如上所述，医疗PPP项目在运营中存在两种情况：一种是社会资本不仅运营停车场、超市等配套服务和硬件设施设备，而且提供核心医疗服务；另一种情况是现有的核心医疗服务由政府方负责，社会资本只负责相关配套服务。如果是前一种情况，社会资本或PPP项目公司负责管理核心医护人员。那么，问题来了。由于传统模式下医疗机构的资深医护人员几乎都在体制内，很少有愿意“跳”出这个体制的。当然，这并不是说资深医护人员思想觉悟不高，而是当前各方面体制机制还不具备让资深医护人员进入社会资本团队。

作为社会资本来讲——如果提供核心医疗服务，在医疗 PPP 项目建成运营后，怎样解决核心医护人员的供给成为当务之急，因为这关系到就诊人员数量、项目提供的医疗服务质量、项目长期可持续运营发展的问题。

据悉，国家已经开始破解这一难题，比如医护人员多点执业。《关于印发推进和规范医师多点执业的若干意见的通知》（国卫医发〔2014〕86 号）就医师多点执业过程中的实操问题给出若干意见，“推进医师合理流动。加快转变政府职能，放宽条件、简化程序，优化医师多点执业政策环境。发挥政策导向作用，鼓励医师到基层、边远地区、医疗资源稀缺地区和其他有需求的医疗机构多点执业。”“规范医师多点执业。坚持放管结合，制定完善医师多点执业管理政策，明确相关各方权利义务，促进医师多点执业有序规范开展，逐步建立符合国情的医师执业和管理制度，维护正常工作秩序。”“确保医疗质量安全。强化卫生计生行政部门和医疗机构对医师多点执业的监督管理，严格医师岗位管理，加强行业自律和社会监督，确保医疗服务的安全性、有效性和连续性。”业内人士分析指出，多点执业将在一定程度上缓解社会资本办非营利性医疗机构医护人员紧缺的问题。

## 三、面临就诊人数不足难题

社会资本参与医疗 PPP 项目时，一个重点考量的因素是就诊人数的问题。

事实上，作为一个运营占主体的 PPP 项目，就诊人数将直接决定社会资本能否收回投资以及营利。这如同供水 PPP 项目社会资本会重点考量生活和工业用水使用量，污水处理 PPP 项目会重点考量需处理的污水量，高速公路 PPP 项目会重点考量车流量，等等。

需要指出的是，由于医疗 PPP 项目作为非营利性机构的性质没有变，在我国大力推广医保定点的当下，医疗 PPP 项目的医保定点问题必须解决。否则，即使医院医生水平再高超、诊疗设备再先进、护理服务再周到，也会面临就诊人数不足而导致收入不足的问题，长此以往生存都将出现困难，这也是社会资本非常关心的问题。

为解决这一制度硬伤，鼓励社会资本积极参与医疗 PPP 项目，国家已先后出台多项政策支持各类医疗机构纳入医保定点范围，推动采取 PPP 模式的医疗机构与政府公立医院享受同等的医保政策。比如《国务院关于鼓励和引导民间投资健康发展的若干意见》（国发〔2010〕13 号）明确支持民营医疗机构承担医疗保险定点服务，《国务院关于创新重点领域投融资机制鼓励社会投资的指导意见》（国发〔2014〕60 号）要求将符合条件的各类医疗机构纳入医疗保险定点范围，《国务院办公厅关于进一步激发社会领域投资活力的意见》（国办发〔2017〕21 号）要求重点解决纳入医保定点难的问题。

## 四、绩效考核复杂

绩效考核是 PPP 项目的重要内容，尤其是政府付费类的项目，绩效考核结果更是政府付费的重要依据。

2014 年 9 月，财政部发布《关于推广运用政府和社会资本合作模式有关问题的通知》（财金〔2014〕76 号），要求稳步开展项目绩效评价，“省级财政部门要督促行业主管部门，加强对项目公共产品或服务质量和价格的监管，建立政府、服务使用者共同参与的综合性评价体系，对项目的绩效目标实现程度、运营管理、资金使用、公共服务质量、公众满意度等进行绩效评价。绩效评价结果应依法对外公开，接受社会监督。同时，要根据评价结果，依据合同约定对价格或补贴等进行调整，激励社会资本通过管理创新、技术创新提高公共服务质量。”

为贯彻 PPP 以运营为核心、以绩效为导向的理念，推动 PPP 项目由重建设向重运营转变，确保项目长期稳定运行，2017 年 11 月，财政部发布《关于规范政府和社会资本合作（PPP）综合信息平台项目库管理的通知》（财办金〔2017〕92 号，以下简称“92 号文”）。“92 号文”在推动 PPP 项目建立按效付费机制方面采取了以下三项举措。一是要求政府付费与项目绩效考核结果挂钩，强化项目产出绩效对社会资本回报的激励约束效果，防止政府对项目各项支出承担无条件的支付义务，使 PPP 异化为拉长版 BT。二是要求政府承担的项目建设成本与运营成本均应根据绩效考核结果进行支付，且建设成本中参与绩效考核的部分占比不得低于 30%，防止当前部分项目通过所谓“工程可用性付费”方式，以“项目竣工即应支付”的名义提前锁定政府对建设成本的无条件支付义务，弱化项目运营绩效考核的约束力。三是要求政府付费应在项目合作期内连续、平滑安排，防止为多上项目将财政支出责任过度后移，加剧以后年度财政支出压力、导致代际失衡；同时，也要防止将财政支出责任集中前移，使社会资本快速回收大部分投资从而实现早期退出的目的。

实践发现，医疗 PPP 项目与交通、市政、生态建设和环境保护等行业 PPP 项目不同，在绩效考核方面有其特殊性。一个重要的原因，是医疗 PPP 项目本身的复杂性。

如上所述，有的医疗 PPP 项目社会资本不仅运营停车场、超市等配套服务和硬件设施设备，而且提供核心医疗服务。这种情况下，政府除对项目的配套服务和硬件设施设备运营设定绩效考核指标外，还要设定医疗服务水平类指标、治愈率指标、医院发展类指标、患者的满意度指标等，并根据项目要求设置不同的权重及打分项。所以，因社会资本运营的内容不同，绩效考核指标亦有所不同。

## 五、解决医疗 PPP 推广难题

### （一）建立多元回报机制

根据国务院及相关部委的规定，按照医疗机构营利性与非营利性的角度划分，医疗机构分为非营利性如公立医院[①]和营利性。具体来说，作为政府不得举办营利性医疗机构，且非营利性医疗机构所得收入除规定的合理支出外，只能用于医疗机构的继续发展。而营利性医疗机构是指医疗服务所得收益可用于投资者经营回报。分析认为，建设多元的、丰富的营利性医疗机构回报机制，有利于激发社会资本参与医疗领域 PPP 的投融资和建设运营热情。

### （二）多种方式支持社会资本投资医疗机构

根据《国务院办公厅印发关于促进社会办医加快发展若干政策措施的通知》(国办发〔2015〕45 号，以下简称《通知》) 的规定，应丰富筹资渠道。通过特许经营、公建民营、民办公助等模式，支持社会力量举办非营利性医疗机构，健全法人治理结构，建立现代医院管理制度。"鼓励地方通过设立健康产业投资基金等方式，为社会办医疗机构提供建设资金和贴息补助。鼓励社会办医疗机构以股权融资、项目融资等方式筹集开办费和发展资金。支持符合条件的社会办营利性医疗机构上市融资或发行债券，对接多层次资本市场，利用多种融资工具进行融资。"

《通知》指出：加强财政资金扶持，将提供基本医疗卫生服务的社会办非营利性医疗机构纳入政府补助范围，在临床重点专科建设、人才培养等方面，执行与公立医疗机构同等补助政策。通过政府购买服务方式，支持符合条件的社会办医疗机构承接当地公共卫

① 公立医院是指政府举办的纳入财政预算管理的医院，分 3 个等级，一级是社区医院，二级是县（区）级医院，三级是市级医院。

生和基本医疗服务以及政府下达的相关任务，并逐步扩大购买范围。将符合条件的社会办医疗机构纳入急救网络，执行政府下达的指令性任务，并按与公立医疗机构同等待遇获得政府补偿。鼓励地方探索建立对社会办非营利性医疗机构举办者的激励机制。《通知》指出：应规范收费政策，坚决执行国家行政事业收费相关政策，对社会办非营利性医疗机构免征行政事业性收费，对营利性医疗机构减半征收行政事业性收费。进一步清理和取消对社会办医疗机构不合理、不合法的收费项目，在接受政府管理的各类收费项目方面，对社会办非营利性医疗机构执行与公立医疗机构相同的收费政策和标准。

# 第五章
# 我国亟待发展医养结合

## 导　读

我国医养结合现状

医养结合是一种新型模式

医养结合“探路”PPP 模式

# 我国医养结合现状

能看病的医疗机构却不能提供养老服务，能养老的养老机构却无法看病……医疗机构与养老机构似乎不能共存。然而，随着社会的不断进步，目前一种新的模式——“医养结合”在全国各地悄然兴起。

何谓“医养结合”？“医养结合”是指在为老年人提供基本养老服务（生活照料和精神慰藉）的基础上，为老年人提供疾病诊治护理、健康检查、大病康复、临终关怀等医疗服务的一种综合服务方式。

研究发现，在发达国家尤其是养老服务体系健全和养老服务质量高的国家，一个明显的特征便是医养结合。对比之下，我国的医养结合仅处于起步发展阶段。

## 一、医养结合的辩证关系

通常情况下，医疗和养老分别属于不同的行业。但是，这两个行业并非是完全不同和割裂的关系，更非风马牛不相及的关系。相反，医疗行业和养老行业有着非常紧密的关系。进一步而言，医疗与养老二者是不可分割的辩证关系：“医”是刚性需求，而“养”则负责提供基础服务。

具体来说，随着我国经济的快速发展，人们收入和生活水平的不断提高以及社会公共体系的不断完善，老年人群的消费方式发生了很大的变化，对生活和养老的质量提出了更多更高的要求，最明显的是不再满足于吃好、穿好，转而在医疗保健和追求精神享受方面产生了大量需求，这主要体现在两个方面：一是“养”，即吃、穿、住、行等基本的生活和基础的养老服务；一是“医”，即有病得到及时治理、高级护理，没病则需要提供医疗保健[①]。比如康复医生针对病人的不同情况制定不同的康复训练计划，但医院的资源有限，这就需要设有康复科的养老机构作为补充。

除“医”“养”外，“娱”成为当前越来越多老年人的追求。“娱”即娱乐。近年来，从城市到农村，全国各地兴起公园舞、广场舞，主要人群为老年人，原因是公园舞、广场舞兼具健身、健心、健脑、健美等诸多优势[②]。

---

① 据统计，2014 年底，我国 65 岁老年人慢性病患病率达 53% 左右，医疗费用支出是年轻人的 3 倍。当前，老年人群对医疗需求较大，45.1% 的老年人健康状况为“一般”或“差”，27.6% 的老年人日常生活中最大的开支为“看病吃药”。

② “中国大妈”的广场舞甚至跳到了海外，比如纽约时代广场、巴黎卢浮宫和莫斯科红场都有其活跃的身影。数据表明，目前我国广场舞爱好者多达上亿人，主体人群是 40 岁到 65 岁的中老年人。而广场舞热的背后，反应的是我国老年人闲暇时间多、娱乐方式少的问题。

## 二、医养结合已成趋势

传统的养老机构重点是负责为老年人提供吃、穿、住、行等方面的基本服务，而缺乏专业的医疗服务。无论是养老机构还是医疗机构都不能承担和解决老年人来自物质层面和精神层面的综合诉求。当下，“医”“养”结合已成趋势。

权威部门统计：当前，我国老年群体中至少有4000万人生活自理困难或认知功能退化，总共有超过1亿人罹患慢性病。然而，医疗资源跟不上老龄群体的需求增长。民政部数据显示，目前全国各类养老机构达四万多家，床位总数不到600万张，且真正具备医疗服务能力的养老机构只占20%多一点，缺口巨大。

以北京为例，据首都经济贸易大学等机构发布的《北京养老产业发展报告（2015）》，北京市养老机构总数超过400家，仅有床位8万多张，缺口超过4万张，且只有少部分属于医疗照护和养老为一体的养护型床位。行业人士称，北京全市康复床位不足2000张，按照北京2000万人口算，要达到每千人口0.5张康复或护理床位的标准，缺口超过八成。

根据全国老龄工作委员会办公室发布的《中国老龄产业发展报告（2014）》，2013年，中国老年人口数量已经达到2.02亿人，半失能、失能、失智老人近4000万人，完全失能老人达到100万人左右。迫切需要为老年人提供综合的、连续的、适宜的医疗服务。然而，目前我国从事老年人医疗服务的医生、护士等卫生技术人员才几万人，远远不能满足老年人庞大的健康需求。在这种现实背景下，医疗服务和养老服务的结合将是我国积极应对人口老龄化的有效举措。

## 三、我国亟待解决医养分离问题

报告显示，目前我国各级、各类养老机构中，有医疗支持即至少内设有医务室、配备有专业医护人员的不足 17%。尤其是在广大基层养老院，入住的老年人多数是生活能力缺失的失能或半失能老人，而基层养老院医疗资源缺乏，导致老人就医不方便。反过来，这又造成入住率低和床位空置率高，养老院生存发展压力大。总的来说，我国医养分离存在的状况是：一是“老而缺养”，社会养老机构缺乏；二是“养而缺医”，养老机构缺乏医疗功能；三是“医而缺人”，医疗养老缺乏专业人才；四是“人而缺管”，医疗养老缺乏行业管理；五是“管养缺行”，即医疗养老缺乏产业体系。

医养分离已成为制约我国养老事业发展的瓶颈。

就我国现状而言，我国医养结合并不充分，这突出表现在两个方面。第一方面是医疗和养老体系相对独立发展，医养结合不充分，如目前国内医疗卫生机构体系尚未纳入养老服务。即使部分专业的大型养老机构配置了相应的医护人员，但其医疗服务的专业性较之医院等医疗机构还存在较大的差距，这是阻碍我国养老机构发展的一大瓶颈。第二方面是在养老 PPP 项目中，医养结合项目占比过小。数据显示，截至 2016 年 5 月，财政部 PPP 综合信息平台入库养老项目共有 203 个，其中医养结合项目为 41 个，占比仅为 20%。

## 四、国家和地方大力推广医养结合

梳理发现，为大力推广医养结合，国家相继出台了一系列扶持政策。国务院于 2013 年 9 月和 2015 年 11 月分别发布了《国务院关于加快发展养老服务业的若干意见》（国发〔2013〕35 号）和《国务院办公厅转发卫生计生委等部门关于推进医疗卫生与养老服务相结合的指导意见》（国发办〔2015〕84 号，以下简称《指导意见》)，提出了医养结合的思路，引导各类型的养老机构更为完善地解决老年人在养老过程中的疾病治疗问题，提升养老服务机构的整体服务质量。

《指导意见》指出，我国是世界上老年人口最多的国家，老龄化速度较快。失能、部分失能老年人口大幅增加，老年人的医疗卫生服务需求和生活照料需求叠加的趋势越来越显著，健康养老服务需求日益强劲，目前有限的医疗卫生和养老服务资源以及彼此相对独立的服务体系远远不能满足老年人的需要，迫切需要为老年人提供医疗卫生与养老相结合的服务。

《指导意见》还指出，医疗卫生与养老服务相结合，是社会各界普遍关注的重大民生问题，是积极应对人口老龄化的长久之计，是我国经济发展新常态下重要的经济增长点。加快推进医疗卫生与养老服务相结合，有利于满足人民群众日益增长的多层次、多样化健康养老服务需求，有利于扩大内需、拉动消费、增加就业，有利于推动经济持续健康发展和社会和谐稳定，对稳增长、促改革、调结构、惠民生和全面建成小康社会具有重要意义。

上述《指导意见》还提出了我国医养结合发展目标：到 2020 年，符合国情的医养结合体制机制和政策法规体系基本建立，医疗卫生和养老服务资源实现有序共享，覆盖城乡、规模适宜、功能合理、综合连续的医养结合服务网络基本形成，基层医疗卫生机构为居家老年人提供上门服务的能力明显提升。所有医疗机构开设为老年人提供挂号、就医等便利服务的绿色通道，所有养老机构能够以不同形式为入住老年人提供医疗卫生服务，基本适应老年人健康养老服务需求。

民政部、卫生计生委于 2016 年 4 月联合出台《关于做好医养结合服务机构许可工作的通知》(民发〔2016〕52 号)，支持医疗机构设立养老机构以及养老机构设立医疗机构，强调打造“无障碍”审批环境。

2016 年 7 月初，民政部、国家发展改革委正式印发《民政事业发展第十三个五年规划》的通知（民发〔2016〕107 号），要求促进医疗卫生和养老服务相结合，加快推进医疗卫生与养老服务相结合，建立健全医养结合体制机制和政策法规，推动医疗卫生和养老服务资源有序共享，形成覆盖城乡、规模适宜、功能合理、综合连续的医养结合服务网络。统筹医疗卫生与养老服务资源布局，支持养老机构开展医疗服务，符合条件的可按规定与基本医疗保险经办机构签订基本医疗保险定点服务协议，入住的老年人可就地享受医保报销待遇。鼓励养老机构与周边医疗卫生机构开展多种形式的协议合作，医疗卫生机构为老年人开通预约挂号、转诊等绿色通道。优先发展适用于老年人护理照料的康复辅具产品。加强老年病医院、康复医院、护理院、临终关怀机构建设。鼓励医疗机构将护理服务延伸至家庭、城乡社区和养老机构。

2017 年 2 月，国务院下发《“十三五”国家老龄事业发展和养老体系建设规划》，提出：健全健康支持体系推进医养结合。一是完善医养结合机制。统筹落实好医养结合优惠扶持政策，深入开展医养结合试点，建立健全医疗卫生机构与养老机构合作机制，建立养老机构内设医疗机构与合作医院间双向转诊绿色通道，为老年人提供治疗期住院、康复期护理、稳定期生活照料以及临终关怀一体化服务。大力开发中医药与养老服务相结合的系列服务产品，鼓励社会力量举办以中医药健康养老为主的护理院、疗养院，建设一批中医药特色医养结合示范基地。二是支持养老机构开展医疗服务。支持养老机构按规定开办康复医院、护理院、临终关怀机构和医务室、护理站等。鼓励执业医师到养老机构设置的医疗机构多点执业，支持有相关专业特长的医师及专业人员在养老机构开展疾病预防、营养、中医养生等非诊疗性健康服务。对养老机构设置的医疗机构，符合条件的按规定纳入基本医疗保险定点范围。

此外，近年来，各地对医养结合产业的支持力度也不断加强，促进政策频繁出台[①]，如表5–1所示。

**表5–1　　部分省、自治区推进医疗卫生与养老服务相结合政策**

| 省份 | 文件名 | 主要内容 |
|---|---|---|
| 云南 | 《关于推进医疗卫生与养老服务相结合的实施意见》 | 对社会力量举办老年康复、老年护理等专业医疗机构的政策支持。<br>一是规划。老年病医院、康复医院、护理院、临终关怀机构等属于放宽社会办医的服务领域，在制订区域卫生规划和医疗机构设置规划时，要为社会力量兴办相关机构预留规划空间，同步预留诊疗科目设置。<br>二是准入。省卫生计生委制定了《云南省老年病医院基本标准（试行）》等医疗机构基本标准，凡符合规划条件和准入资质的，不得以任何理由加以限制。<br>三是服务能力提升。在临床重点专科建设、人才培养等方面，执行与公立医疗机构同等政策。<br>四是其他支持，在土地利用、建设、运营等环节，享受有关优惠政策。 |
| 河北 | 《河北省推进医疗卫生与养老服务相结合实施意见》 | 一是完善养老机构与医疗机构合作机制。<br>二是鼓励符合条件的养老机构开展医疗服务。<br>三是逐步推广家庭医生与居家老人签约工作机制。<br>四是落实医疗机构敬老优待政策。<br>五是加快全省为老年人服务专业医疗机构网络建设。<br>六是大力发展中医药健康养老服务。<br>七是支持社会力量兴办医养结合机构。 |

---

① 我国是世界上老年人口最多的国家，以河北省为例，河北省不仅是全国第六人口大省，而且也是老年人口大省。2015年年底，河北省60岁以上老年人口数量为1212万人，占全省人口总数的16.3%。据预测，到2020年，河北省60岁以上老年人口将达到1360万人，占全省人口总数的18%，接近中度老龄化社会。在这种人口发展态势下，加快推动医疗卫生与养老服务相结合成为重大的民生问题。2016年1月，河北省出台了《关于推进医疗卫生与养老服务相结合的实施意见》，确定了全省医养结合工作的总体目标、七项重点任务、四项保障措施和两个试点城市。

续表 5-1

| 省份 | 文件名 | 主要内容 |
| --- | --- | --- |
| 福建 | 《关于推进医疗卫生与养老服务相结合的实施意见》 | 支持社会力量开办具有医疗卫生和养老服务资质和能力的老年医院、老年康复医院、老年护理院和老年健康管理中心等医养结合机构。对于符合条件的医养结合机构，可按照有关规定同等享受医疗卫生和养老服务的优惠扶持政策。 |
| 内蒙古 | 《关于推进医疗卫生与养老服务相结合的实施意见》 | 鼓励养老机构与周边医疗卫生机构开展多种形式的协议合作，建立健全协作机制，明确双方责任。医疗卫生机构为养老机构开通预约就诊绿色通道，为入住老年人提供医疗巡诊、健康管理、保健咨询、预约就诊、急诊急救以及蒙医药中医药养生保健等服务，确保入住老年人能够得到及时有效的医疗救治。养老机构内设的具备条件的医疗机构可作为医院收治老年人的后期康复护理场所。鼓励二级以上综合医院与养老机构开展对口支援、合作共建。通过建设医疗养老联合体等多种方式，整合医疗、康复、养老和护理资源，为老年人提供治疗期住院、康复期护理、稳定期生活照料以及临终关怀一体化的医养结合服务。 |
| 广东 | 《关于促进医疗卫生与养老服务相结合的实施意见》 | 鼓励社会力量兴办医养结合机构。通过特许经营、公建民营、民办公助等方式，支持社会力量举办老年病医院、老年康复医院、老年护理院、老年健康管理中心等医养结合机构。在制定医疗卫生和养老等相关规划时，要按规定给社会力量举办医养结合机构设立发展预留空间。支持各地结合实际引进国内外知名专业医养结合品牌企业、养老机构、医疗机构、人寿保险机构和具有成功开发运营经验的相关企业开展医养结合服务。鼓励专业人员在养老机构开展疾病防控、营养调理、中医养生等非诊疗行为的健康服务。支持企业围绕老年人实际需求积极开发安全有效的食品药品、康复辅具、日常照护、文化娱乐等老年人用品用具和服务产品。 |

续表 5-1

| 省份 | 文件名 | 主要内容 |
|---|---|---|
| 四川 | 《关于加快推进医疗卫生与养老服务相结合的实施意见》 | 建立医疗机构与养老机构合作机制。支持养老机构和医疗机构按分级诊疗原则组建多种形式的医疗养老联合体，鼓励各级各类医疗机构按照就近就地、安全便捷的原则与养老机构建立合作关系，每所三级医院至少与 2 到 3 所养老机构建立合作关系，每所二级甲等医院至少与 1 到 2 所养老机构建立合作关系，每所乡镇卫生院（社区卫生服务中心）与当地养老机构建立合作关系。鼓励社会力量兴办医养结合机构。鼓励社会资本投资健康养老服务领域，支持社会力量举办医养结合机构及老年康复、老年护理等专业医疗机构，逐步实现政府引导、社会参与、市场驱动的健康养老发展格局。 |
| 黑龙江 | 《关于推进医疗卫生与养老服务相结合的实施意见》 | 推进医疗养老联合体建设。按照就近就便、互利互惠的原则，推进养老机构与二级以上医院（含中医医院，下同）建立医疗养老联合体，签订长期合作协议，明确双方责任，建立完善可持续性的运行机制和服务模式。二级以上医院选派由医生、护理和康复技术人员组成的医疗团队，定期到养老机构提供巡诊医疗、健康管理、保健咨询、预约就诊、中医养生保健等服务，建立康复病床、双向转诊、急诊急救等医疗救治绿色通道，确保老年人能够得到及时有效的医疗救治，承担养老机构医务人员培训任务，提高养老机构医务人员诊疗康复服务能力。二级以上综合医院通过整合医疗、康复、养老和护理资源，为老年人提供治疗期住院、康复期护理、稳定期生活照料以及临终关怀一体化的健康养老服务。养老机构内设具备条件的医疗机构可作为医疗养老联合体医院收治老年人的后期康复护理场所。 |

# 医养结合是一种新型模式

医养结合优势明显，其能有效整合医疗和养老两方面资源，是一种有病治病、无病养老的新型模式。

## 一、医养结合类型

从实践来看，虽然我国在医养结合方面进行了积极的探索，部分养老机构还通过增设医务室或者配备护理人员等方式完善医疗服务，但总的来说效果并不理想。究其原因，一个重要的方面是目前还缺乏统一的行业标准。对此，业内人士认为，一方面，政府部门应加大对养老服务的财政扶持力度；另一方面，规范“医养结合”养老服务的管理，出台“医养结合”养老服务标准，要对服务机构进行分级，对不同等级的服务机构提供对应的政策和资金扶持。大体而言，医养结合机构主要分为以下 4 种类型：医养型、护养型、疗养型、居家养老型。

**1. 医养型机构**

医养型机构在提供医养结合服务中更注重“医疗”的元素，其收治对象为失能或半失能、失障或半失障的老人、各种疾病后需要康复功能锻炼或理疗的老人等。医养型机构应当具备二级医院以上的医疗服务水平。

**2. 护养型机构**

护养型机构在提供医养结合服务中更注重“护理”元素，收治对象为慢病易复发的病人、需要长期护理和照护的老人。护养型机构应当具备简单医疗设备，重点是对护士数量、资质、护理质量等的考核和评价。

**3. 疗养型机构**

疗养型机构没有医护人员配备，收治对象为生活可以自理、需要一定照顾的老人。

**4. 居家养老型机构**

居家养老型机构是指由社区全科医生和护士定期对老年人进行健康监管。

就未来医养结合的模式，专业人士指出了 4 种类型的对应操作措施。一是医疗卫生机构开展养老服务，即现有医院、社区医疗服务中心，只要有条件就可以开办养老服务。结合当前公立医院改革，原来的医疗机构可以转变成康复医院或护理医院，为周围社区提供综合的、连续的养老医疗服务。二是养老机构增设医疗服务资质。我国目前的大多数养老机构没有医疗资质，对此，相关部门对设置在养老机构内的医务室、护理站，从人员、房屋、设备、制度等方面作出规定：只要有一个医生、一名护士就可以申请医务室，门槛大大降低。还鼓励有条件的养老机构开设老年病医院、专科医院、护理医院、康复医院等专业医疗机构。三是医疗机构与养老机构协议合作，我国很多养老院就建在社区服务中心附近，社区卫生服务中心可以定期上门巡诊。四是医养结合进社区、进家庭，主要依靠社区卫生服务网络，通过推行家庭医生模式，为社区老人提供上门服务。

## 二、综合性医养结合机构应运而生

当前，能够解决老年人各种需求的综合性的医养结合机构应运而生。媒体报道称，北京、上海、青岛等城市都已初步形成各具特色的“医养结合”模式。比如，上海通过家庭医生为绝大多数居家养老的老人提供服务。

从 2012 年起，青岛开始实施长期护理保险制度，符合条件的老人入住养老机构后，不必担心医疗照护费用无法报销。2016 年年底，山东省提出鼓励二级及以下医院等医疗卫生机构转型为针对高龄、重病、失能、部分失能老年人康复护理服务需求的医养结合机构。鼓励社会力量兴办医养结合机构，并按规定享受国家、省有关优惠政策。鼓励有资质的个人依托医疗卫生机构在养老机构执业。公立医院资源丰富的区域可积极稳妥地将部分公立医院转为康复、老年护理等接续性医疗卫生机构。此外，山东省在推动青岛、烟台、威海等市开展国家级医养结合试点工作的基础上开展省级医养结合试点工作，加强政策扶持和资金补助，力争建成一批特色鲜明、示范性强的医养结合试点项目。

再以沈阳为例。作为全国首批医养结合试点城市，沈阳市大力推进医养结合进程，为老年人提供多层次、多样化健康服务。据介绍，沈阳主要从两个方面推动“医养结合”工作：一是在医疗机构内设立老年人就医的“绿色通道”[①]；二是让养老机构的老年人能通过

① 老人就医“绿色通道”主要是为老年人提供挂号、就医等便利服务，对老年人特别是高龄、重病、失能及部分失能老人看病就医实行优先照顾，在挂号、就诊、化验、收费、取药、住院等窗口设置“老年人优先”标志。

不同形式获得更为便捷的医疗服务。目前，沈阳已经有约61%的养老服务机构实现了“医养结合”。到2020年，沈阳两百余家二级以上医疗卫生机构将为老人提供就医“绿色通道”。

## 三、资本开始布局医养结合市场

中投顾问发布报告称，未来五年间，医养结合市场的复合增长率约为17.92%。

面对广阔的行业前景，敏锐的资本开始将目光瞄准医养结合市场，如地产公司、医药企业和保险企业等产业资本和金融资本纷纷布局医养结合市场。随着我国老龄化进程加快，还会有越来越多的资本涌入医养结合市场。

以北京某医养结合试点养老机构（以下简称“本项目”）为例。本项目位于北京CBD核心，交通便利，临近通惠河，水岸气息浓厚，附近有医疗资源和成熟社区生活。周边文化艺术、教育、商业、生活气息浓郁，让现代老年生活与现代文明完美融合。本项目定位于“持续照料”，为住户提供融合吃、住、医、养、玩等服务的一体化养老设施。服务模式分两种：一种是长住，为老人提供医养结合长期生活照料；另一种是短住，为老人提供一站式的专业短期照料。本项目服务人群为需要长期照护的失智、卧床老人，住户不必迫于生活能力的衰退而离开社区，老人主要来自主要照护人有临时安排不能照护的家庭或长期照护老人所伴生的压力需要舒缓的家庭。本项目拥有一支具有专业老年护理背景的资深管理及养护团队，团队将全球领先的养老服务理念贯彻到日常生活细节，提供高标准养老服务。

## 四、从制度上和政策上支持医养结合

对于医养分离、人才不足、专业医护人员事业编制问题，需要国家从制度和政策上给予大力支持。

## （一）加强医疗与养老工作人员的管理制度衔接和配套

研究发现，造成医养分离的一个重要原因是医疗与养老工作人员管理制度上不衔接和不配套。

目前，有的省份对医养结合机构和相关服务工作予以支持和倾斜，并确保各项政策制度的相互衔接、完善配套。各地可根据本地经济社会发展状况，探索对医疗机构内的职业医师和职业护士到养老机构中轮岗服务给予特殊岗位补贴。医护人员申报职称时，其在养老机构从事的专业技术工作可计算入总工作量中，可对所取得的与本专业相关的业绩成果予以认可。

## （二）金融支持医养结合

医养结合需要金融的大力支持。

如黑龙江省出台《关于推进医疗卫生与养老服务相结合的实施意见》文件，要求完善投融资和财税价格政策。对符合条件的医养结合机构，按规定落实相关支持政策。拓宽市场化融资渠道，探索政府和社会资本合作（PPP）的投融资模式。鼓励和引导各类金融机构创新金融产品和服务方式，加大金融对医养结合领域的支持力度，通过由金融和产业资本共同筹资的健康产业投资基金，推动建立大型养老产业基金，以专业化资本运作的方式发展高端养老产业，支持医养结合发展。

四川省在促进医养结合方面，大力完善多层次金融服务组织体系，创新金融产品和服务方式，拓宽多元化融资渠道，着力提高金融服务能力和水平。加强金融政策与产业政策的协调配合，综合运用多种金融政策工具，引导金融资源向医养结合领域倾斜。

广东省《关于促进医疗卫生与养老服务相结合的实施意见》要求：完善投融资和财税价格政策。“拓宽医养结合机构的市场化融资渠道，探索政府和社会资本合作（PPP）的投融资模式。鼓励和引导各类金融机构创新金融产品和服务方式，加大金融对医养结合领域的支持力度。有条件的地方可通过由金融和产业资本共同筹资的健康产业投资基金支持医养结合发展。用于社会福利事业的彩票公益金要适当支持开展医养结合服务。积极推进政府购买基本健康养老服务，逐步扩大购买服务范围，完善购买服务内容，各类经营主体平等参与。”

业内人士分析指出：随着“大资管”时代的到来，保险业金融机构将目光瞄准了养老地产。据了解，国内的泰康人寿最早提出由保险公司建设养老社区的构想，研究探索将金融保险与养老服务相结合的创新商业模式。下面，我们以国内第一家保险企业投资管理的养老社区北京泰康之家·燕园（以下简称“本项目”）为例来介绍泰康人寿在医养结合方面的探索。

公开资料显示，本项目位于北京昌平区小汤山镇，占地面积17万平方米，建筑面积30万平方米，总共能容纳3000户居民入住包括自理型、协助自理型、专业护理型、记忆障碍型等不同类型的养老公寓。北部规划为持续照料社区，主要为酒店和会所。会所6000平方米，包含七大功能中心和13个餐厅及就餐区。此外，本项目北部还包括康复医院（门诊、转诊）、独立生活单元、协助生活单元、专业护理单元、记忆障碍单元、临终关怀单元。南部为活力养老公寓，主要包含活力生活单元、幼儿园以及社区商业。

本项目提供了约1.8万平方米的公共服务设施，采取期权与现货两种方式进行销售。期权销售模式是指销售“幸福有约综合养老计划”。现货销售模式是指客户入住后要根据需求不同而支付不同的入住费用。费用约在六七千元至上万元不等。入住时需缴纳一定金额的类似押金性质的资金——60万元到100万元，在离开社区时这笔资金才可以退还。

本项目为居民提供青松阁、雅竹阁、芝兰阁、碧莲阁4个不同的居住区域，并提供不同程度的生活照顾及护理服务。根据入住前的专业评估，本项目向居民提供适当的入住选择建议。入住后，当居民健康状况发生变化，亦可轻松升级至相应的居住区。4个居住区也都在户型及配置上针对入住人群的特点、情况做了相应的优化。

## 五、加强医养结合领域专业人才队伍建设

开展医养结合，关键需要加强专业人才队伍建设。

我国医疗与养老领域存在专业人才不足的问题。相关专家分析还发现，专业人才缺乏是目前社会资本尤其是民间资本的短板，这也是社会资本进入医养结合 PPP 项目的瓶颈之一。由于专业人才缺乏，社会资本在进入医养结合 PPP 领域时存在先天不足。进一步分析发现，待遇、薪酬、职称评定等诸多因素是导致社会资本留不住人才的关键。因此，完善薪酬、职称评定，培训专业人才，将为社会资本投资医养结合 PPP 项目助力。

对此，2015 年 11 月，国务院办公厅发布《关于推进医疗卫生与养老服务相结合的指导意见》，要求加强人才队伍建设，主要内容是：做好职称评定、专业技术培训和继续医学教育等方面的制度衔接，对养老机构和医疗卫生机构中的医务人员同等对待。完善薪酬、职称评定等激励机制，鼓励医护人员到医养结合机构执业。建立医疗卫生机构与医养结合机构人员进修轮训机制，促进人才有序流动。将老年医学、康复、护理人才作为急需紧缺人才纳入卫生计生人员培训规划。加强专业技能培训，大力推进养老护理员等职业技能鉴定工作。支持高等院校和中等职业学校增设相关专业课程，加快培养老年医学、康复、护理、营养、心理和社会工作等方面的专业人才。

据了解，四川省在加强医养结合专业人才队伍建设方面做得不错，具体措施如下所述。完善薪酬、职称评定等激励机制，鼓励医

护人员到医养结合机构执业。加强专业技能培训，大力推进养老护理员等职业技能鉴定工作。对养老照护人员进行分类分层设计，统一纳入行业规范管理，制定相应岗位标准及薪酬、专业、技能政策。大力支持养老服务技能培训，对符合相关规定且培训合格并通过技能鉴定取得初级以上国家养老护理员职业资格证书的，给予培训补贴。鼓励职业院校开设老年医疗护理相关专业，为老年照护行业培养后备人员，促进老年照护行业队伍的专业化、年轻化。指导督促高校及职业院校做好老年医疗护理相关专业设置规划，加强中医药健康养老人才培养。

黑龙江省要求全面加强医养结合专业人才队伍建设，进一步完善人才培养机制，建立岗前教育、岗中培养、继续教育的培养体系，加大对各类养老机构专业医生、执业护士、管理人员和养老护理员的培训力度，打造一支素质高、专业强的养老服务队伍，不断强化医养结合发展的人才保障。

广东省《关于促进医疗卫生与养老服务相结合的实施意见》要求：建立健全专业化医养结合人才的培养、储备、使用机制。鼓励有条件的高等院校和中等职业学校增设养老服务相关专业，加快培养老年医学、康复、护理、营养、心理和社会工作等方面的专业人才。将老年医学、康复、护理人才作为急需紧缺人才纳入职业技能培训规划，加强养老护理员等职业技能培训和鉴定工作。完善医养结合从业人员工资待遇、职称职务晋升、专业技能等级等制度，稳步提高工资福利待遇。落实养老护理员等特殊岗位补贴政策。鼓励执业医师到养老机构设置的医疗机构多点执业，支持符合条件的医师、护士在养老机构内开办诊所、护理站。

## 六、开展“智慧”建设，促进医养结合

“智慧养老”“智慧医疗”已经成为未来的发展趋势。

所谓智慧养老，是指面向居家老人、社区及养老机构的传感网系统与信息平台，并在此基础上提供实时、快捷、高效、物联化、互联化、智能化的养老服务。智慧养老的实质就是使用现代科技助力老年人的晚年生活，提升老人的晚年生活质量，从而实现智慧助老、智慧用老和智慧孝老。

目前，我国智慧养老产业中主要采用互联网技术、可穿戴设备、物联网技术、大数据技术等信息技术手段推进智慧健康养老应用系统集成，对接各级医疗机构及养老服务资源，建立老年健康动态监测机制，整合信息资源，为老年人提供智慧健康养老服务。以可穿戴设备（如健康管理类可穿戴设备、便携式健康监测设备、自助式健康检测设备、智能养老监护设备、家庭服务机器人等）为例，由于其可以帮助解决部分空巢老人的照顾问题，已经成为智慧养老产业消费品中最令人瞩目的焦点。

为贯彻落实《国务院关于积极推进“互联网 +”行动的指导意见》（国发〔2015〕40 号）、《国务院办公厅转发卫生计生委等部门关于推进医疗卫生与养老服务相结合指导意见的通知》（国办发〔2015〕84 号）、《国务院办公厅关于促进和规范健康医疗大数据应用发展的指导意见》（国办发〔2016〕47 号）、《国务院办公厅关于全面放开养老服务市场提升养老服务质量的若干意见》（国办发〔2016〕91 号）等文件的要求，加快智慧健康养老产业发展，2017 年 2 月，工业和信息化部、民政部、国家卫生计生委制定了《智慧健康养老产业发展行动计划（2017-2020 年）》，提出：加快智慧健康养老产业发展，培育新产业、新业态、新模式，促进信息消费增长，推动信息技术产业转型升级。

在大的政策背景下，各地积极构建信息平台，实现医疗与养老资源共享，如表 5–2 所示。

**表 5-2　　部分省份推动医疗结合智慧平台建设**

| 序号 | 省市 | 主要内容 |
| --- | --- | --- |
| 1 | 四川省 | 四川省推动县级养老信息服务平台与人口健康平台对接，实现信息共享。鼓励医疗机构开展远程医疗服务，覆盖周边养老机构，为老年人提供健康体检、预约挂号、网上健康咨询等远程医疗服务。加快县级养老服务信息平台建设，鼓励探索跨社区、跨城区医养结合服务新模式，发展“互联网＋”健康养老服务。 |
| 2 | 福建省 | 福建省《关于推进医疗卫生与养老服务相结合的实施意见》指出，在推进“互联网＋健康养老”产业发展方面，强调加强医养结合服务体系智能化建设，组织有条件的医疗机构开展面向医养结合机构的远程医疗服务，扩大省内远程医疗服务平台覆盖范围，积极向乡镇卫生院等基层医疗卫生机构提供适宜服务，并向各类养老机构和社区纵深扩展更多应用。 |
| 3 | 黑龙江省 | 黑龙江省《关于推进医疗卫生与养老服务相结合的实施意见》要求推进“互联网＋智慧健康养老”产业发展。大力发展以互联网为载体的信息技术在健康养老服务中的应用。加强医养结合服务体系智能化建设，为居家养老、机构养老的老年人提供移动医疗服务。依托社区卫生服务中心签约的家庭医生实时在线系统，每日更新老年人健康管理档案信息，随时监控居家老年人的身体健康状况，进行高血压、糖尿病、心脏功能监测，对突发心脑血管疾病实施紧急救援，第一时间进行转诊服务。利用老年人生活健康信息、电子档案、电子病历等信息系统，推动社区养老服务信息平台与区域人口健康信息的对接，整合资源，实现老年人生活信息和医疗信息共享利用，为老年人提供远程健康管理、健康指导等服务，做到急症早发现、早救治，组织医疗机构开展面向养老机构的远程视频诊疗服务，探索可持续运营的业务模式和商业模式，促进智慧健康养老产业发展。 |
| 4 | 广东省 | 广东省发布《关于促进医疗卫生与养老服务相结合的实施意见》，要求充分依托社区各类服务和信息网络平台，提供居家护理、医疗、康复、保健服务和健康管理、人文关怀等服务。实现全省人口信息、医疗健康信息、社会保险信息，以及各级医疗保险经办机构、定点医院和药店的相关信息整合，推进医养结合信息平台数据标准化和规范应用，实现跨部门、跨区域的业务协同和信息共享，最终建立统一的数据交换共享指标体系。 |

# 医养结合“探路”PPP模式

很显然，推进医疗养结合是大势所趋。然而，现实却是：一方面，投资医疗结合项目需要巨量资金；另一方面，我国地方政府债务压力大，中央对地方债务开启严监管模式使地方政府融资能力大幅受限。因此，需要创新观念，采取新的模式，积极推进医养结合。

## 一、我国政府财政压力大

当前，我国政府财政压力大。多年来，在投资、出口的重点拉动下，我国经济飞速发展。近几年，随着国际经济形势的变化及我国进入经济转型和产业结构调整期，拉动经济增长的“三驾马车”（投资、出口、消费）均不同程度放缓。

1. 地方政府债务风险是国内金融体系严重的风险之一。截至2014年末，地方政府总负债30.28万亿元，地方融资平台借债占较大比重。虽然我国经济总体处在健康水平，但仍然存在地方政府杠杆率偏高的问题。

2. 我国收支矛盾突出。

3. 2014 年 10 月 2 日，国务院发布《国务院关于加强地方政府性债务管理的意见》（简称“43 号文”），明确指出首要目标为治理政府性债务。“43 号文”对地方债务开启严监管模式，地方政府融资能力大幅受限。

## 二、医养结合“探路”PPP 模式

鉴于诸多方面的原因，以 PPP 模式操作医养结合项目成为现实选择。

PPP 在我国并非新鲜事物，严格来说其在我国已经有三十多年的发展历史。长期以来，由于我国基础设施建设和社会公用事业大多以政府融资平台为主导，PPP 发展一直较为缓慢。随着我国经济进入新常态，PPP 正式走到“前台”并开始发挥其重要的作用。

2015 年 5 月，国务院办公厅转发了财政部、国家发展改革委、人民银行联合制定的《关于在公共服务领域推广政府和社会资本合作模式指导意见》（国办发〔2015〕42 号）。《指导意见》体现了国家对推广 PPP 的宏观思考和总体把握，以及对 PPP 发展各方面、各层次、各要素的统筹规划，一定程度上说，这就是推广 PPP 的“全局规划”和“顶层设计”。

除中央政策和相关部委力推医养结合 PPP 外，各地方政府也纷纷出台相关政策利用 PPP 模式布局医养结合产业。

专业人士分析指出，未来我国应创新 PPP 发展模式，大力发展综合的 PPP 项目，将医疗与养老结合起来，提高社会资本进入医疗与养老 PPP 领域的动力。

## 三、医养结合项目采取 PPP 模式的优点

从医疗 PPP 或者养老 PPP 单一行业来讲，两者都具有不足之处。前者缺乏养老的元素，容易造成床位紧张，从社会效益讲，很多真正有住院需求的老人无法入住；从经济效益讲，医疗机构无法获得养老、康复、疗养等资金来源。后者缺乏专业的医疗服务，使得入住老人得不到专业的治疗，养老服务质量不高。而结合了医疗和养老二者优点的医养结合，属于强强联合、优势互补，既解决了二者的不足，又充分发挥了二者的优势。医养结合从社会效益上讲，解决了医疗机构床位紧张和养老机构老人治疗的问题；从经济效益上讲，项目方获得了更多的收入来源。

正是因为发挥了医疗与养老行业的优势，医养结合的服务项目增多，经济收入多元，社会资本在科学管理的情况下，能够大大降低投资风险，尽快实现投资回报，从而激发社会资本投资医养结合项目的积极性。

事实上，此前国内多个医养结合 PPP 示范项目已经成功落地。

### （一）有助于提高就业率

医养结合 PPP 项目规模大，就业容量大，能够直接或间接地为项目所在地提供大量的就业机会，有助于提高就业率。一方面，医养结合 PPP 项目在建设过程中需要大量的劳动力；另一方面，项目建成后，既需要医疗人员和管理人员，又需要提供包括医疗保健、康复护理、心理卫生、社区服务、餐饮住宿等在内的诸多就业岗位，从而带动项目所在地消费，促进项目所在地经济发展。

### （二）有助于引进高端人才，培育高素质养老产业队伍

众所周知，老龄产业是二十一世纪的朝阳产业。然而，我国老龄产业一直存在专业人才队伍薄弱和产业发展内力支撑不足的问题。因此，国家一直在加大对城乡养老设施的投入，建立起省、市、县以及农村的四级养老体系，并通过学历教育和在职培训，打造一支

尊老、敬老、爱岗敬业、具有专业化水平的养老护理员队伍。通过医疗与养老PPP项目的建设，有助于项目所在地养老养生产业高端人才的引进，从而培育和打造一批高素质养老养生产业队伍，大大推进我国的医疗养老事业。

业内人士分析指出，实行医养结合，对养老机构而言，在增加了医疗诊断、护理和康复功能后，既满足了老年人就近、低价和医疗保健型养老的新需求，又破解了养老机构老年人入住率低、专业护理水平低等突出问题。

## 四、吸引社会资本以PPP模式发展医养结合

2015年11月，国务院办公厅发布《关于推进医疗卫生与养老服务相结合的指导意见》(以下简称《指导意见》)，提出了发展医养结合的基本原则。业内人士分析发现，《指导意见》对政府和市场分工、吸引社会资本参与医养结合机构发展等核心元素有明确的规定：如政府引导，市场驱动，发挥政府在制定规划、出台政策、引导投入、规范市场、营造环境等方面的引导作用，统筹各方资源，推动形成互利共赢的发展格局。充分发挥市场在资源配置中的决定性作用，营造平等参与、公平竞争的市场环境，充分调动社会力量的积极性和创造性。此外，要加快政府职能转变，创新服务供给和资金保障方式，积极推进政府购买服务，激发各类服务主体潜力和活力，提高医养结合服务水平和效率。大力加强部门协作，提升政策引导、服务监管等工作的系统性和协同性，促进行业融合发展。

《指导意见》的发布，给社会资本投资医养结合机构指出了方向，具体如下所述。鼓励社会力量针对老年人健康养老需求，通过市场化运作方式举办医养结合机构以及老年康复、老年护理等专业医疗机构。在制定医疗卫生和养老相关规划时，要给社会力量举办医养结合机构留出空间。按照“非禁即入”原则，凡符合规划条件和准

入资质的，不得以任何理由加以限制。整合审批环节，明确并缩短审批时限，鼓励有条件的地方提供一站式便捷服务。通过特许经营、公建民营、民办公助等模式，支持社会力量举办非营利性医养结合机构。支持企业围绕老年人的预防保健、医疗卫生、康复护理、生活照料、精神慰藉等方面需求，积极开发安全有效的食品药品、康复辅具、日常照护、文化娱乐等老年人用品用具和服务产品。

近几年，地方各省市也陆续出台政策推广医养结合 PPP。以云南省为例，云南省《关于推进医疗卫生与养老服务相结合的实施意见》（云政办发〔2016〕101 号）文件的主要内容如下所述。一是全面放开养老服务市场。按照“非禁即入”原则，凡符合规划条件和准入资质的，不得以任何理由加以限制，积极发挥财政资金的撬动功能，创新养老基础设施投融资体制，通过股份制、股份合作制、PPP、承包、一院两制、“互联网 +”等模式，支持社会资本建设养老服务设施、运营养老服务机构、提供养老服务产品，促进养老服务业优质高效发展。二是加大政策支持。通过进一步放宽准入条件、降低养老机构准入门槛，支持社会资本投资建设养老服务机构，经民政部门设立并依法办理登记的各类养老机构按照相关规定享受财政建设补助、当地运营补贴和国家支持养老服务业发展的土地供应、税费优惠、金融扶持等政策。境外资本举办养老机构可享受同等优惠政策。

# 第六章

# 医养结合 PPP 实操要点

## 导　读

医养结合 PPP 项目的操作要点

医养结合 PPP 项目运作模式的选择

医养结合 PPP 项目风险识别及防范

医养结合 PPP 项目的绩效考核

# 医养结合 PPP 项目的操作要点

医养结合 PPP 项目与传统的医疗类 PPP 项目与纯养老类的 PPP 项目都有不同："医"是项目的基础，项目要根据服务的对象，具有一定的医疗基础；而"养"是 PPP 项目的核心，通过医养，对服务对象提供增值服务，二者相辅相成，缺一不可。医养结合 PPP 项目操作中需要根据项目的特点来认真分析判断，才能赋予项目活力，确保项目运营成功，具体在实操过程中，需要关注的要点如下所述。

## 一、根据项目具备的资源来确定项目操作的重心

根据项目所处的区域以及项目所具有的资源禀赋来进行分析，确定项目的核心服务，一般情况下，医养结合 PPP 项目可以分为以下几类，如图 6-1 所示。

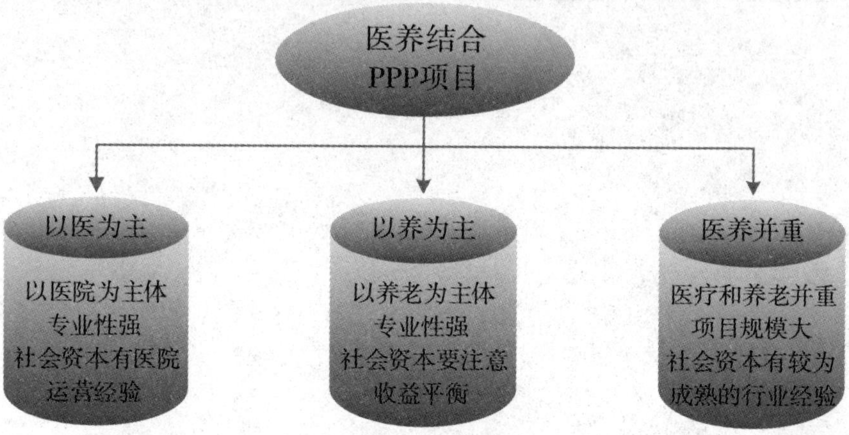


图 6-1 医养结合 PPP 项目分类

**（一）"医"为主，"养"相宜**

在某些地区，由于市内大型医院床位缺乏，为了缓解医院一床难求的窘境，在邻近城市周边康复环境好的地区，以市内某些医院的康复类病人作为依托，同时也面向部分需要康复的老人提供专业的养老康复、照管功能。

**（二）"养"为主，医相适**

某些项目针对老年人的养老市场，一般是采取养老公寓或"养老 + 社区"等形式提供服务，项目配建部分医疗设施来满足养老用户群体的日常老年病以及需要的急救需求。

**（三）医养均衡，满足需求**

某些项目采用医养并重的模式，项目通常包括养老社区 + 特色医院，通过二者服务对象的互补，良性循环。一般项目类型为养老社区 + 护理型公寓 + 专科医院。

## 二、根据项目服务对象设计项目的回报模式

医养结合类 PPP 项目服务对象不同，采用的回报模式也不尽相同，

需要前期认真进行市场调研，对项目服务的目标人群、支付能力、支付意愿分析总结，挖掘项目潜力，选择项目适合的回报模式。

从财政部《政府和社会资本合作模式操作指南（试行）》（财金〔2014〕113 号）来看，PPP 项目一般可以分为政府付费类项目、使用者付费类项目和可行性缺口补助类项目 3 类。而对于医养结合类 PPP 项目而言，可以重点考虑项目的类型、项目重点服务对象以及项目所承担的社会责任等多方面来确定回报模式。

医养结合类 PPP 项目本身具有投入大，项目建设资金、运营补贴、政策性补贴对于项目运营影响大的特点，在不同的运营周期也会有不同的回报模式。根据目前医养结合行业特点，医养结合 PPP 回报模式一般可以分为以下几种类型。

**（一）使用者付费型**

医养结合 PPP 项目服务的客体，天然具备支付的属性，但项目也具备一定的公共属性，如项目本身的收费收入能够满足自身发展，而且借助医养可以开发相关的产品。因此，采用使用者付费型的回报方式较为可行。

**（二）可行性缺口补助方式**

如医养结合 PPP 项目的使用者付费不足以满足社会资本的投资回报，政府可以采取一定的补助形式，具体的补助形式如下所述。

**1. 前补贴方式**

政府对医养结合 PPP 项目采用土地划拨等方式，减少项目的投资，从前端来进行补贴。

**2. 运营补贴**

政府在医养结合 PPP 项目运营过程中采用政府购买养老服务床位以及政府支付补贴等措施，但前提必须要对项目进行绩效考核。

## 三、合理的合作年限

根据财政部《政府和社会资本合作模式操作指南（试行）》（财金〔2014〕113 号）和财政部 PPP 项目示范合同，PPP 项目的合作期一般不超过 30 年，而具体到每一个项目的合作期，要根据项目所处区域、服务对象、政府相应的支持、项目回收期以及对社会资本的吸引力等来综合确定。

从财政部 PPP 信息平台统计来看，医养结合类 PPP 项目合作期限大多在 21 年到 30 年。

## 四、项目土地获取方式

医养结合 PPP 项目的土地获取方式可以根据项目的类型来确定，PPP 项目的土地获取方式一般可以根据《中华人民共和国土地管理法》的规定来取得。

### （一）划拨形式

根据《土地管理法》的规定，城市基础设施和公益事业用地，经县级以上人民政府依法批准，可以以划拨方式取得。医养结合类 PPP 项目的性质如果登记为非营利性的公益类时，则符合《划拨用地目录》，可以采用出让或租赁的方式来供地。

### （二）有偿供应模式

如果医养结合类 PPP 项目不是非营利性项目时，则需要根据《招标拍卖挂牌出让国有土地使用权规定》，必须以招标、拍卖或者挂牌方式取得土地。

目前土地“招、拍、挂”与 PPP 项目招标不在同一平台，如 PPP 项目招标与土地资源配置不同步，有可能会让项目胎死腹中。在实践中，为了解决此类问题，通常采用土地使用权招拍挂出让和 PPP 项目采购工作同步进行，并且土地摘牌是 PPP 项目中标的前置条件，从而保障项目有地可用。

# 医养结合 PPP 项目运作模式的选择

根据财政部《政府和社会资本合作模式操作指南》，PPP 运作方式的选择主要由收费定价机制、项目投资收益水平、风险分配基本框架、融资需求、改扩建需求和期满移交等因素决定。同时，《国家发展改革委关于开展政府和社会资本合作的指导意见》（发改投资〔2014〕2724 号）指出：鼓励各地区政府部门根据当地实际情况及项目特点，积极探索、大胆创新，灵活运用多种 PPP 模式，提高项目运作效率。

医养结合类 PPP 项目与其他类的 PPP 相比，相当于是将两种类型的项目进行融合，综合了二者的优点，并且根据不同的项目突出项目的服务特色，在选择运作方式时，应从项目融资需求、改扩建需求和期满处置等项目核心边界条件选择适用于医养结合 PPP 项目的运作模式。具体来说，应根据医养结合 PPP 项目是否为存量项目、是否存在建设融资需求、是否为改扩建项目、是否需要期满移交等条件进行 PPP 运作模式选择，并参考收费定价机制、投资收益水平及风险分配框架等因素来确定运作模式。

## 一、医养结合 PPP 项目运作模式种类

根据医养行业的特点，医养结合 PPP 领域运作模式有多种。根据财政部 PPP 信息平台统计的医养结合 PPP 项目的信息来看，采用 BOT模式占据了较大的份额——为55%，BOO类型占了33%的比例。

### （一）BOT 类型

BOT 类型一般是由政府授权民政局作为医养结合的实施机构，通过招标采购社会资本，双方共同成立项目公司，如图 6–2 所示。在项目合作期内，由项目公司负责项目的投资、建设和医疗、养老类服务，政府可根据项目运营收入来确定是否支付可行性缺口补助费用。项目合作期满后，项目无偿或有偿移交给政府及相关部门。

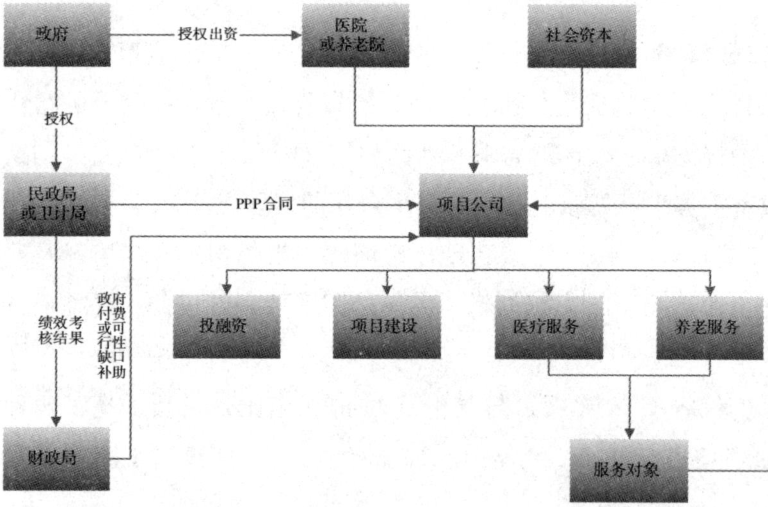


图 6–2　医养结合 PPP 项目 BOT 类型

### （二）BOO 类型

BOO 类型一般是项目由政府授权社会资本医养服务的权利，社会资本负责项目的投融资建设，并负责项目的运营（包括医疗和养老服务），如图 6-3 所示。政府一般采用购买服务等方式提供相应的支持，项目公司一般不移交资产。

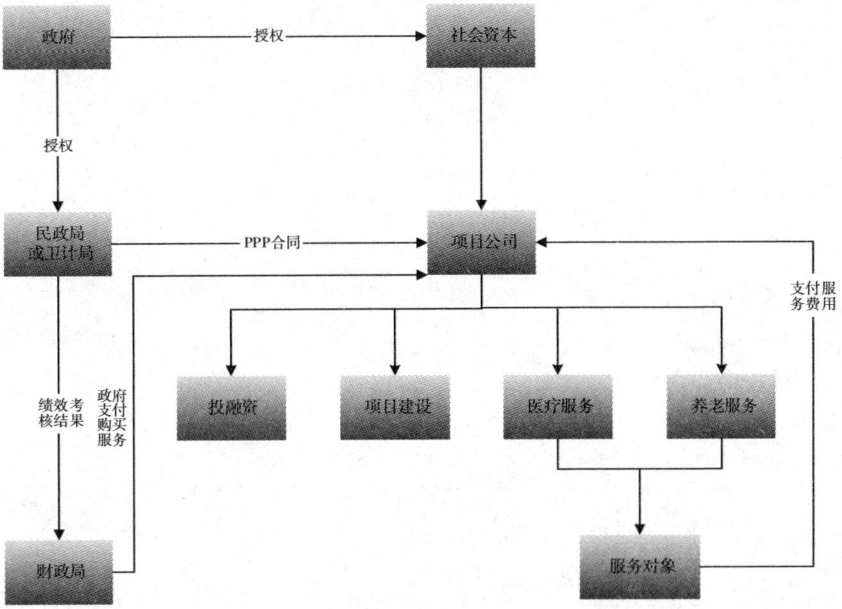


图 6-3 医养结合类 PPP 项目 BOO 类型

## 二、选择运作模式时需要综合考虑的问题

虽然目前 BOT 模式和 BOO 模式是医养结合 PPP 运用较多的模式，但具体采用哪一种模式，需要结合项目的具体的合作周期、项目的回报方式、项目属性、收益水平、风险分配框架以及政府扶持力度以及当地财政支付能力和项目税收筹划等方面的因素综合考虑。

1. 土地获取方式。如果土地采用招拍挂方式，一般可以考虑采用 BOO 模式；如果采用划拨方式，一般考虑 BOT 模式。

2. 项目属性。项目如果定位为公益属性，一般采用 BOT 模式；如果定位为经营性属性，一般采用 BOO 模式（如采用可行性缺口补助时，也可采用 BOT 模式）。

3. 项目回报模式。经过对入库项目分析，如果政府不给予医养结合 PPP 项目可行性缺口补助，依靠项目公司自身运营获得回报，一般采用 BOO 模式。

# 医养结合 PPP 项目风险识别及防范

## 一、PPP 项目风险特征

PPP 项目风险是 PPP 项目在全生命周期内可能发生的导致项目损失的不确定性。由于 PPP 项目合作期长，涉及建设期、运营期、移交期三大阶段，风险因素多而且复杂。一般来讲，PPP 项目的风险特征如下所述。

PPP 项目风险一般除具有客观性、相对性和随机性的特征外，还具备阶段性、差异性、复杂性三大特征。

### （一）阶段性

PPP 项目在不同的阶段，所面临的风险和风险的风险程度是不同的，呈现出显著的阶段性特征。如在建设阶段，主要的风险是融资风险、质量风险、工期风险、地质风险等；而在运营阶段，主要的风险集中在运营能力风险、环境政策、法律变更等风险。

### （二）差异性

不同的 PPP 项目，甚至相同类型的 PPP 项目所处的区域不同，所面临的风险也不同。如同样是公路项目，在经济不发达地区的风险主要是车流量风险、融资风险；而在经济发达地区面临的风险主要是工程质量风险、法律风险。

### （三）复杂性

PPP 项目涉及的时间长、内容广、合同结构复杂、相关主题多，因此，也造成 PPP 项目面临的风险因素较为复杂。一般 PPP 项目主要风险因素可以分为政治风险、法律风险、金融风险、市场及运营风险等。

## 二、PPP 项目风险分配

PPP 项目风险分配的目的有两个，如下所述。

1. 风险合理分配不仅可以增加 PPP 项目对社会资本的吸引力，还可以降低风险发生的概率及风险产生的损失，从而降低风险管理成本。

2. 风险分配后，在 PPP 项目建设和使用过程中，风险承担方对待其面临的风险会更加理性和谨慎，使得项目实施更加顺利。

图 6-4 为 PPP 项目风险分配流程示意图。

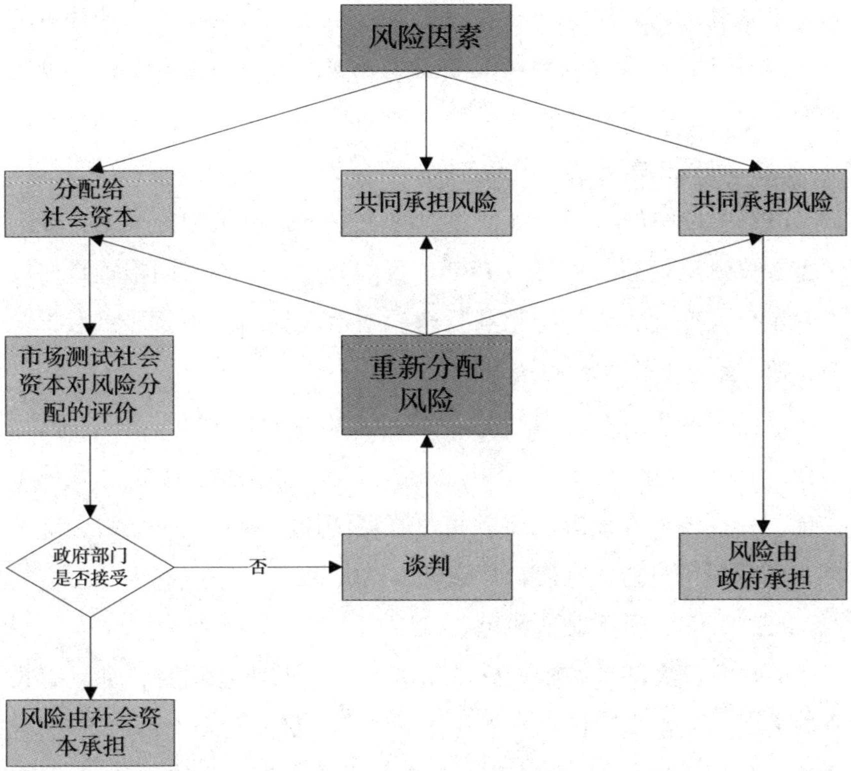


图 6-4 PPP 项目风险分配流程

## 三、医养结合 PPP 项目主要风险

根据医养结合 PPP 项目的特点，其风险一般可归纳为以下几种类型。

### （一）政府决策失误风险

政府决策失误主要是部分地方政府缺乏医养结合 PPP 项目实际操作经验，导致决策程序不规范甚至决策失误，从而给项目的建设和运营等留下隐患。

以某医养结合 PPP 项目为例，由于地方政府对 PPP 模式理解和认识有限，在对医养结合项目价格机制并没有充分了解的情况下与社会资本签订特许经营协议，结果可行性缺口补贴过高。特许经营协议签订后，社会公众对项目价格有意见；同时，政府支付补贴也存在困难，只得重新谈判……

### （二）法律法规变更风险

PPP 项目中的法律法规变更风险主要是指由于国家和地方政府颁布及修订法律法规而导致 PPP 项目的合法性、投资回报等重要因素发生重大变化，直接导致项目建设或运营受阻，项目严重亏损甚至失败，给社会资本的投资带来巨大损失。

目前，国家支持和鼓励医养结合 PPP 项目。然而，总的来说，医养结合 PPP 仍处于起步探索阶段，法律体系不健全、法规政策不系统，一旦国家和地方政府颁布及修订法律法规，很可能给医养结合 PPP 项目推进造成阻碍，社会资本投资受损[①]。

### （三）PPP 项目融资风险

PPP 项目大都是基础设施项目和社会公共事业项目，都具有投资规模大（通常达数亿元、十几亿元、几十亿元甚至上百亿元）、合作期限长（一般在 20 年以上，有的长达 30 年甚至更久）以及回报率不高等特点，医养结合 PPP 项目也符合这些特点。

对于一般的投资医养结合 PPP 项目的社会资本来说，要利用自有资金完成几亿元、几十亿元、上百亿元的医养结合 PPP 项目并不太现实，需要借助金融机构尤其是银行的力量。由于我国金融体系不健全，银行业支持 PPP 项目尤其是回报率不高的 PPP 项目还缺乏全方位的政策支持。此外，银行出于自身风控因素考虑，对 PPP 项目贷款要求较高，社会资本往往无法满足银行的要求，存在项目融资风险。

---

① 某市污水处理项目。1999 年，某市政府对该市污水处理项目进行招商。2000 年，某外资污水处理公司投资建成一个污水处理项目。为此，某市政府还颁发《污水处理专营管理办法》。然而，在项目运行两年后，某市政府发文废止了上述《污水处理专营管理办法》，导致该项目无法继续运营。

### （四）市场收益不足风险

市场收益不足风险主要是指 PPP 项目的收益不能满足社会资本收回投资或达到预定的收益。对于医养结合 PPP 项目而言，其显著的特征是公益性很强，市场收益不高。首先，医养结合 PPP 项目的非营利性不能改变，这一点就决定了项目本身收益不高。社会资本不能要求过高的收益，否则，地方政府的财政将面临很大的压力，也会引起社会公众的反感；其次，医养结合 PPP 服务的对象是广大的普通社会公众，如果服务价格过高，社会公众无法承受，项目本身就无法形成规模效益，当然无法实现政府推广医养结合 PPP 项目的初衷；再次，在医养结合 PPP 项目任务分配中，社会资本经营的多数是非核心业务（这一点前文已述），在价格方面话语权并不充分。

### （五）政府信用风险

在 PPP 模式中，社会资本主要有 3 种回报方式。第一种是使用者付费，如供水、供暖、供气等项目。第二种是“使用者付费 + 可行性缺口补贴”，如污水处理、垃圾处理等项目。第三种是政府完全付费，如河道整治、市政道路、公共绿地、学校、公园等建设项目。在 3 种回报方式中，医养结合 PPP 项目多依靠政府补贴，也就是“使用者付费 + 可行性缺口补贴”方式。同时，这也意味着在长达二三十年的时间里，地方政府需要履行与社会资本签订的 PPP 特许经营权协议，需要拿出真金白银。从长远来看，如果地方政府财政困难，社会资本将面临政府的信用风险。

## 四、医养结合 PPP 项目风险防范

### （一）政策决策失误风险防范

从政府决策层面来讲，中央和国家相关部委以单独或联合的名义对外发布支持 PPP 发展的文件不断出台，顶层设计逐渐完备。作为地方政府，要深刻理解我国大力推广 PPP 的战略意图，积累 PPP 的运作

经验和能力，为 PPP 项目洽谈、未来社会资本的进驻打下坚实的基础。

笔者认为，当下，就推广医养结合 PPP 项目而言，统一部署并建立协调机制是政府规避决策失误的重要方式。

以某县医疗与养老 PPP 项目为例。项目正式启动后，为加快推进项目政府方和社会资本方合作，鼓励和引导优质社会资本方参与项目建设、运营，某县成立了由县财政局、县卫生局、县发展改革局、县住房城乡建设局、县国土资源局、县环境保护局、县审计局等部门共同组成的 PPP 项目工作领导小组，负责本项目的统筹和决策，统一部署并建立协调推进机制，形成合力，保障项目积极稳妥推进。具体的各部门职责如表 6–1 所示。

表 6–1　　某县医疗与养老 PPP 项目推进工作小组责任分工表

| 部门 / 组织 | 主要职责 |
| --- | --- |
| 某县财政局 | 1. 协调 PPP 工作的开展，与县卫生局协同做好项目前期的识别论证工作；2. 会同县卫生局、县发展改革局、县住房城乡建设局、县国土资源局、县环境保护局、县审计局等相关职能部门组织评审项目 PPP 模式实施方案；3. 会同县卫生局共同审核物有所值评价报告；4. 组织编制财政承受能力论证报告，统筹本级全部 PPP 项目各年度支出责任，出具财政承受能力论证报告审核意见；5. 卫生局将经审核通过的项目纳入 PPP 项目开发目录管理；6. 协助县卫生局开展社会资本方及其他相关的采购工作，并对采购工作进行监督管理，及时充分向社会公开 PPP 项目采购信息；7. 负责项目建设投资成本等的审核工作；8. 参与审核实施机构提交的 PPP 项目合同；9. 依据法律法规，组织跟踪审计工作；10. 依据法律法规，对项目竣工财务决算进行审核批复；11. 会同县卫生局做好项目全生命周期成本监测；12. 会同行业主管部门建立综合评价体系，开展项目绩效运行监控，进行中期绩效评估，做出绩效评价；13. 会同相关部门督促项目实施机构建立项目资产管理台账；14. 会同县卫生局做好项目资产移交工作；15. 会同县卫生局加强对项目债务的监控；16. 会同县卫生局加强对项目的监督管理，加强合规性审核；17. 依托 PPP 综合信息平台，建立 PPP 项目库，做好 PPP 项目全生命周期信息公开工作。 |

续表 6-1

| 部门 / 组织 | 主要职责 |
| --- | --- |
| 某县卫生局（实施机构） | 1. 委托专业的 PPP 咨询机构负责项目实施方案、物有所值评价报告编制；2. 卫生局会同县财政局、县发展改革局、县住房城乡建设局、县国土资源局、县环境保护局、县审计局等部门组织实施方案评审；3. 卫生局完善项目实施方案，报县政府审核；4. 卫生局依法委托采购代理机构开展项目采购工作；5. 负责项目采购（社会资本资格预审、招标采购文件编制、投标响应文件评审、谈判与合同签署），作为采购主体负责社会资本的招标采购工作，合理设置社会资本资格条件、采购评审标准，组织专家评审，并与社会资本方进行充分谈判，将项目中标成交信息进行公示和公告；6. 卫生局采购结果公示结束后，将 PPP 项目合同提交县财政局、法制办等相关职能部门审核后，报县人民政府批准。7. 卫生局与中选社会资本方共同签订 PPP 项目合同，与项目公司签订承继补充合同或重新签订 PPP 项目合同；8. 卫生局负责项目公司办理施工过程中的许可审批；9. 卫生局作为 PPP 项目合同甲方参与项目投融资、设计、建设、运营维护的监督工作，建立监管体系并负责组织项目后期绩效考核工作；10. 卫生局督促中选社会资本方按照《PPP 项目合同》约定按时足额出资；11. 监督中选社会资本方或项目公司履行合同义务，检测项目产出绩效指标；12. 审核项目公司提供的运营维护方案，并监督实施情况；13. 在项目执行过程中，负责协调解决合同修订、违约责任和争议协商等工作；14. 会同县财政局、县发展改革局、县住房城乡建设局、县国土资源局、县环境保护局、县审计局等相关职能部门建立综合评价体系，对项目进行中期评估；15. 根据县政府安排组建项目移交工作小组，并对项目资产进行评估和性能测试，代表政府方收回符合项目合同约定的项目资产。 |
| 政府方出资代表 | 1. 代表政府方与中选社会资本方共同出资成立项目公司；2. 确定项目资本金与项目公司出资占股比例、金额、形式；3. 负责按照合同约定按时足额出资；4. 根据区财政局意见，选派人员进入项目公司三会及财务管理；5. 参与项目的建设、运营、维护、移交。 |
| 某县发展改革局 | 1. 发展改革局负责项目的立项、审批工作；2. 发展改革局参与审核本项目 PPP 模式实施方案；3. 发展改革局及时跟踪监管项目，建立健全调价机制；4. 发展改革局协助做好建立综合评价体系和中期评价工作。 |

续表 6-1

| 部门 / 组织 | 主要职责 |
|---|---|
| 某县住房城乡建设局 | 1. 住房城乡建设局提前介入监督社会资本方的采购工作，办理建设施工许可证；2. 住房城乡建设局协助施工合同签发，并负责应尽的资金转账义务等。 |
| 某县国土资源局 | 1. 国土资源局负责协助项目公司办理土地相关手续；2. 国土资源局协助做好建立综合评价体系和中期评价工作。 |
| 某县环境保护局 | 1. 环境保护局负责项目环评报告的批复；2. 环境保护局协助审核本项目 PPP 模式实施方案；3. 环境保护局协助做好建立综合评价体系和中期评价工作。 |
| 某县审计局 | 1. 审计局负责项目的政府审计工作；2. 审计局协助做好全过程跟踪审计工作；3. 审计局负责对本项目的建设项目总投资进行最终决算审计。 |
| 某县招投标中心 | 1. 监督项目的招标采购工作；2. 协助审核本项目 PPP 模式实施方案及招标采购相关文件。 |
| 备注：政府其他主管部门根据政府相关要求配合和监督。 | |

### （二）法律法规变更风险防范

实践中，对于法律法规变更给医养结合 PPP 项目带来的风险，采取的救济措施主要是政府与社会资本在特许经营协议做出明确约定，比如延长特许经营期限、提前终止、现金补偿等。

### （三）融资风险防范

医养结合 PPP 项目融资的责任和风险由社会资本承担。因此，对是否介入医养结合 PPP 项目，社会资本需要做好充分的考查和评估，必须要有充足的资金（包括自有资金和向金融机构融资）作为保障，以满足项目建设、运营和维护的需要。

### （四）收益不足风险防范

对医养结合 PPP 项目，社会资本需要重点考虑价格调整机制和保底使用量。此外，社会资本尽可能要求地方政府依据相关标准给予建设补贴、床位补贴和运营补贴，以减轻运营压力。需要注意的是：在定价机制方面，应提供合理的收益水平；在价格调整机制方面，应降低市场因素对收益的影响。医养结合 PPP 项目经营周期长达二三十年，期间通货膨胀率、利率、汇率等诸多因素都在发生变化。因此，医疗与养老服务的价格也必须做出相应的调整，这样才能降低社会资本的风险。

### （五）政府信用风险防范

建立重诺履约的市场环境是持续、稳定推广 PPP 项目的前提和保障。具体来说，对地方政府违约行为，可以研究建立扣款机制，保障社会资本的合法权益。用扣款机制约束地方政府违约，是一种具有中国特色的政府违法救济手段。2016 年 7 月，有消息称财政部将建立结算扣款机制，即上级财政部门应当督促下级财政部门严格履行 PPP 合同。没有及时足额向社会资本支付政府付费或者提供补贴的，按照合同约定依法办理。经法院判决后仍不执行的，由上级财政直接从相关资金中代扣，并支付至项目公司或社会资本。

## 五、医疗与养老 PPP 项目风险分配

PPP 项目的风险识别与合理分配是成功运用 PPP 模式的关键，在特许经营协议设计中应当权责对应地把风险分配给相对最有利承担的一方。财政部《关于印发政府和社会资本合作模式操作指南（试行）的通知》（财金〔2014〕113 号）对 PPP 项目的风险分配基本框架作了规定，按照风险分配优化、风险收益对等和风险可控等原则，综合考虑政府风险管理能力、项目回报机制和市场风险管理能力等要素，在政府和社会资本间合理分配项目风险。原则上，项目设计、建造、财务和运营维护等商业风险由社会资本承担，法律、政策和最低需求等风险由政府承担，不可抗力等风险由政府和社会资本合理共担。根据《国家发展改革委关于开展政府和社会资本合作的指

导意见》(发改投资〔2014〕2724 号),按照风险收益对等原则,在政府和社会资本间合理分配项目风险。原则上,项目的建设、运营风险由社会资本承担,法律、政策调整风险由政府承担,自然灾害等不可抗力风险由双方共同承担。

表 6-2 是某医养结合 PPP 项目风险分配的方案。

表 6-2 某医养结合 PPP 项目风险分配方案

| 风险层面 | 风险种类 | 政府方承担 | 社会资本方承担 | 共同共担 |
|---|---|---|---|---|
| 政治层面 | 政局不稳定 | √ | | |
| | 民众抵制或敌对 | | | √ |
| | 资产征用 | √ | | |
| | 政府失信 | √ | | |
| | 政府审批延误 | √ | | |
| | 法律变化 | | | √ |
| | 税收政策变化 | | √ | |
| | 行业政策性变化 | √ | | |
| 市场层面 | 融资可行性 | | √ | |
| | 高融资成本 | | √ | |
| | 金融市场低效率 | | √ | |
| | 通货膨胀 | | | √ |
| | 利率变动 | | √ | |
| | 市场需求不足 | √ | | |
| | 劳动力 / 材料设备价格上涨 | | √ | |
| | 工程第三方 | | √ | |

续表 6-2

| 风险层面 | 风险种类 | 政府方承担 | 社会资本方承担 | 共同共担 |
| --- | --- | --- | --- | --- |
| 项目层面 | 土地使用 | √ | | |
| | 基础设施配套 | √ | | |
| | 设计质量 | | √ | |
| | 建设过程控制 | | √ | |
| | 设计变更 | | | √ |
| | 工期延误 | | | √ |
| | 建设成本超支 | | | √ |
| | 工程质量 | | √ | |
| | 安全运营 | | √ | |
| 不可抗力 | 不可抗力因素 | | | √ |
| | 地质条件 | | | √ |
| | 气候环境 | | | √ |

# 医养结合 PPP 项目的绩效考核

PPP 项目绩效考核是衡量采用 PPP 模式是否提高了项目的效率或服务质量的主要依据，也是 PPP 项目的付费依据，它有利于客观评价项目公司服务的质量和效率是否满足使用者和政府的要求。近年来，政府加强了对财政资金拨付的 PPP 项目的绩效考核，尤其是“财金〔2016〕92 号”文件发布后，强制要求 PPP 项目付费要与绩效考核挂钩，而且要求项目成本与绩效考核结果挂钩部分不得少于 30%，更加强化了 PPP 项目绩效考核的重要性。

## 一、PPP 项目绩效考核的定义

项目绩效评价，是指从项目利益相关者出发（包括了政府、社会资本、承包商、金融机构、社会公众），根据项目设定的产出标准，设定科学的绩效评价指标和评价方法，从项目投入、实施、运营、过程控制、结果及影响等角度，对预算支出的经济性、效率性、效益性等进行全面、客观、公正的评价。

对 PPP 项目的绩效评价而言，与传统的公共基础设施和投资类项目都不同，它既需要考虑社会资本盈利属性，也需要考虑项目的公益属性，保证社会公众利益不受损。因此，需要根据“4E”来考察项目绩效的实现，即项目的经济性（Economy）、效率性（Efficiency）、效果性（Effectiveness）和公平性（Equity）。

## 二、PPP 项目绩效考核的分类

1. 根据考核时间点的不同，PPP 项目绩效考核可分为建设期考核、运营期考核和项目移交阶段的考核。

建设期考核，一般是在项目建设过程中或是项目建设完成后，根据项目的质量、进度、投融资情况等进行考核。一般来说，考核指标包括了工期目标、安全目标、质量目标、投资控制目标、安全文明指标、项目管理目标等。考核结果是运营期付费的重要依据。

运营期考核是对项目运营期的运营情况进行考核，可分为定期考核（每季度、半年或每年一次）和临时考核（根据实际需求确定次数）。运营期的绩效考核结果决定了项目公司或社会资本实际收入的多少。运营期考核指标需依据业主要求、相关法律法规和技术规范、项目公司组织管理和财务管理、项目设施和经营状态、服务质量、公众满意度等选定。

移交阶段考核是对项目整体的实施情况进行一个全面的考核。根据投资协议等文件，项目移交完成后，组织有关部门对项目产出、成本效益等指标进行绩效评价，并按相关规定公开评价结果。

2. 根据考核方式和频次的不同，PPP 项目绩效考核可以分为定期考核和不定期考核。

定期考核是根据投资合同约定，定期对 PPP 项目进行考核，可分为年、季、月考核几种形式。

不定期考核可以根据项目运行情况进行。如果运营良好，可以适当减少考核的次数；如果运营状况不良，可以根据需要适当增加考核的次数，以做到对项目的督促、监管作用。

## 三、PPP 项目绩效考核的政策依据

对 PPP 项目要加强绩效考核，国务院及国家发展改革委、财政部等相关部门的文件中都有相关要求，表 6–3 是对相关政策文件的梳理。

表 6–3 PPP 项目绩效考核相关政策规定

| 序号 | 文件 | 关于绩效规定 |
|---|---|---|
| 1 | 《关于规范政府和社会资本合作（PPP）综合信息平台项目库管理的通知》（财金〔2017〕92 号） | （三）未建立按效付费机制。包括通过政府付费或可行性缺口补助方式获得回报，但未建立与项目产出绩效相挂钩的付费机制的；政府付费或可行性缺口补助在项目合作期内未连续、平滑支付，导致某一时期内财政支出压力激增的；项目建设成本不参与绩效考核，或实际与绩效考核结果挂钩部分占比不足 30%，固化政府支出责任的。 |
| 2 | 《关于组织开展第四批政府和社会资本合作示范项目申报筛选工作的通知》（财金〔2017〕76 号） | （五）项目应当建立完善的运营绩效考核机制，有经营性现金流，投资回报机制以使用者付费为主。 |
| 3 | 《财政部 农业部关于深入推进农业领域政府和社会资本合作的实施意见》（财金〔2017〕50 号） | （七）严格绩效监管。各地财政部门、农业部门要构建农业 PPP 项目的绩效考核监管体系和监督问责机制，跟踪掌握项目实施和资金使用情况，推动形成项目监管与资金安排相衔接的激励制约机制。 |

续表 6-3

| 序号 | 文件 | 关于绩效规定 |
|---|---|---|
| 4 | 《政府和社会资本合作项目财政管理暂行办法》(财金〔2016〕92号) | 第三条 各级财政部门应当会同相关部门，统筹安排财政资金、国有资产等各类公共资产和资源与社会资本开展平等互惠的PPP项目合作，切实履行项目识别论证、政府采购、预算收支与绩效管理、资产负债管理、信息披露与监督检查等职责，保证项目全生命周期规范实施、高效运营。<br>第十七条 PPP项目合同审核时，应当对照项目实施方案、物有所值评价报告、财政承受能力论证报告及采购文件，检查合同内容是否发生实质性变更，并重点审核合同是否满足以下要求：<br>……<br>（二）合同应当约定项目具体产出标准和绩效考核指标，明确项目付费与绩效评价结果挂钩。<br>第二十五条 各级财政部门应当会同行业主管部门开展PPP项目绩效运行监控，对绩效目标运行情况进行跟踪管理和定期检查，确保阶段性目标与资金支付相匹配，开展中期绩效评估，最终促进实现项目绩效目标。监控中发现绩效运行与原定绩效目标偏离时，应及时采取措施予以纠正。<br>第二十七条 各级财政部门应当会同行业主管部门在PPP项目全生命周期内，按照事先约定的绩效目标，对项目产出、实际效果、成本收益、可持续性等方面进行绩效评价，也可委托第三方专业机构提出评价意见。<br>第二十八条 各级财政部门应依据绩效评价结果合理安排财政预算资金。<br>对于绩效评价达标的项目，财政部门应当按照合同约定，向项目公司或社会资本方及时足额安排相关支出。<br>对于绩效评价不达标的项目，财政部门应当按照合同约定扣减相应费用或补贴支出。 |

续表 6–3

| 序号 | 文件 | 关于绩效规定 |
|---|---|---|
| 5 | 《关于在公共服务领域深入推进政府和社会资本合作工作的通知》（财金〔2016〕90 号） | 要加强项目全生命周期的合同履约管理，确保政府和社会资本双方权利义务对等，政府支出责任与公共服务绩效挂钩。 |
| 6 | 《关于在收费公路领域推广运用政府和社会资本合作模式的实施意见》（财建〔2015〕111 号） | （三）完善收费公路建设管理养护长效机制。建立健全合同约束、收费调节、信息公开、过程监管、绩效考核等一系列改革配套制度与机制，实现合作双方风险分担、权益融合、有限追索。 |

## 四、PPP 项目绩效考核中需要解决的问题

不同的 PPP 项目，所要达到的目标不同，在实际的绩效考核标准制定过程中的侧重点也不尽相同。根据相关文献资料所载，绩效考核的方法有多种，如平衡积分卡，如四川省天府新区的 PPP 项目绩效考核办法，如结合国际金融组织绩效考核办法等。在 PPP 项目绩效考核中，需要着重解决以下问题。

### （一）绩效考核的执行主体

对于绩效考核的执行主体，目前的 PPP 政策文件和 PPP 合同一般都没有明确的约定。在财政部《政府和社会资本合作模式操作指南（试行）》（财金〔2014〕113 号）的文件中，地方财政部门和 PPP 中心有绩效考核的职能；财政部《关于推广运用政府和社会资本合作模式有关问题的通知》（财金〔2014〕76 号）提出由财政部门来进行考核。那么，到底 PPP 项目的考核应由谁来主导呢？实践情况表明，目前财政局或是实施机构或是行业主管部门来主导绩效考核。

分析发现，财政局对于项目的行业并不是太熟悉，在执行过程中，明显缺乏技术支持能力。因此，不是一个好的 PPP 项目绩效考核执行主体。由实施机构或行业主管部门来主导绩效考核又容易混

淆角色，到底是政府的监管者，还是项目公平的绩效考核者，出现了角色错位，需要在制定考核方案时候进行清晰的显示。

一般而言，由第三方考核更容易保证考核结果的公平性。所以，笔者建议由第三方来组织绩效考核，这样更会有公信力。如果考核结果出现争议，引入相应的争端解决机制和市场准入机制，解决考核公信力的问题。任何一方对于考核结果有疑问的，诉诸争端解决机制，由第三方进行应进行解答，甚至于引入争端的裁决机制。

### （二）考核标准的制定

目前，PPP 项目绩效考核标准不统一、不公平也是制约 PPP 长远发展的原因之一。因此，应发挥政府职能，制定不同行业的运营绩效考核的标准，作为每一个 PPP 项目必须执行的考核的基础标准，解决标准不一的问题，有利于 PPP 项目规范化运作，回归 PPP 的初心，提升项目的运营绩效。一把尺子量到底，也有利于破除一些地区 PPP 项目中设置的障碍，有利于竞争公开透明。

### （三）绩效考核的经济性

PPP 项目绩效考核归根结底是经济行为，也要解决物有所值的问题，不应矫枉过正，为了考核而考核。从而，导致考核成本激增，这也是在制定考核方案时需要注意的问题。

## 五、医养结合 PPP 项目绩效考核要点

对于医养结合类 PPP 项目而言，在制定绩效考核方案时，更需要关注项目医疗和养老的目标实现。一般来讲，医养结合类 PPP 项目的绩效考核标准制定时，需要关注以下方面。

### （一）建设期考核要点

医养结合类 PPP 项目与其他 PPP 项目相比，建设期考核指标基本上一致，一般可以将项目管理、项目产出、项目效果作为一级指标，将投入管理、财务管理、项目实施、工期目标、质量目标、成本目标、

社会效益、满意度作为二级目标，其余三级指标可以作为参考，如表6–4所示。

表 6–4 建设期绩效考核指标

| 项目阶段 | 一级指标 | 二级指标 | 三级指标 | 分值 |
| --- | --- | --- | --- | --- |
| 建设阶段 | 项目管理（45分） | 投入管理（15分） | 社会资本方项目资金到位率 | 5 |
| | | | 项目公司融资资金到位率 | 5 |
| | | | 资金到位及时率 | 5 |
| | | 财务管理（12分） | 资金使用情况 | 3 |
| | | | 财务（资产）管理制度健全性 | 3 |
| | | | 财务监控有效性 | 3 |
| | | | 财务健康性 | 3 |
| | | 项目实施（18分） | 项目管理制度健全性 | 4 |
| | | | 工程管理制度健全性 | 3 |
| | | | 管理制度执行有效性 | 3 |
| | | | 进度控制有效性 | 4 |
| | | | 工程监理履职情况 | 4 |
| | 项目产出（35分） | 工期目标（10分） | 项目按期开工率 | 5 |
| | | | 项目按期完工率 | 5 |
| | | 质量目标（10分） | 项目验收通过率 | 5 |
| | | | 工程质量评分 | 5 |
| | | 成本目标（15分） | 项目成本控制 | 8 |
| | | | 施工相关合同审批率 | 4 |
| | | | 合同违约率 | 3 |

续表 6-4

| 项目阶段 | 一级指标 | 二级指标 | 三级指标 | 分值 |
|---|---|---|---|---|
| 建设阶段 | 项目效果（20 分） | 社会效益（12 分） | 安全事故发生率 | 6 |
| | | | 文明施工情况（环境保护、安全生产等） | 6 |
| | | 满意度（8 分） | 人员满意度 | 8 |
| 合计 | | | | 100 |

**（二）运营期考核要点**

医养结合类 PPP 项目从回报特点来分，一般可以分为准经营性项目或是经营性项目，在制定医养结合类 PPP 项目绩效考核标准时侧重点也有所不同。

**1. 运营期绩效考核指标重点**

一是项目公司服务高效性，可以从“量”和“效”两个方面来制定考核标准。例如，以医养结合类 PPP 项目提供的公共产品或服务的数量来考核，以提供的养老服务的床位数、病床数等方面来设定；PPP 项目提供的养老服务标准是否满足 PPP 合同约定的产出说明的标准，医疗器械清洗是否满足行业规程、安全保卫等方面的效果如何等。

二是项目公司的财务健康性。如从项目公司的盈利性、成长性、负债能力及运营价格的合理性等方面来进行设置。

三是项目公司的制度建设。从项目公司医养结合的管理制度、品牌建设、医疗与养老融合的机制水平、文化建设等方面来考核。

四是项目公司商业经营。如商超、停车场等商业经营部分的管理制度、商品管理、运营管理方面的考核。

五是考核项目公司的社会满意度。主要针对项目公司与养老客户及家属其他社会公众的关系，考核项目的社会公众满意程度。

### 2. 项目运营期绩效考核

下面，我们以某医养结合 PPP 项目为例来阐述运营期绩效考核的要点。某医养结合 PPP 项目包括了医疗服务、养老服务及配套的辅助服务，在运营阶段制定运营绩效考核指标时，一级指标包括项目服务产出、财务健康、安全管理、社会满意四个方面，如表 6–5 所示。

表 6–5　医养项目运营绩效考核指标

| 项目阶段 | 一级指标 | 二级指标 | 三级指标 | 分值 |
|---|---|---|---|---|
| 运营阶段 | 项目服务产出管理（50 分） | 医院管理（15 分） | 药品耗材采购。 | 2 |
| | | | 门诊数量。 | 4 |
| | | | 医疗质量。 | 9 |
| | | 养老服务（15 分） | 养老服务供给。 | 8 |
| | | | 卫生管理。 | 3 |
| | | | 护理管理。 | 3 |
| | | | 品牌建设。 | 1 |
| | | 物业管理（10 分） | 基础管理。 | 1 |
| | | | 装修管理。 | 1 |
| | | | 强弱电管理。 | 1 |
| | | | 给排水管理。 | 1 |
| | | | 电梯服务。 | 4 |
| | | | 公用设施。 | 2 |
| | | 营养餐厅（10 分） | 餐厅。 | 4 |
| | | | 操作间。 | 2 |
| | | | 储物与前台。 | 2 |

续表 6-5

| 项目阶段 | 一级指标 | 二级指标 | 三级指标 | 分值 |
|---|---|---|---|---|
| 运营阶段 | 项目服务产出管理（50 分） | 营养餐厅（10 分） | 菜品数量与质量。 | 2 |
| | 财务管理（20 分） | 财务分析与运营（5 分） | 财务报告完备性。 | 2 |
| | | | 财务管理效率。 | 2 |
| | | | 资金使用情况。 | 1 |
| | | 财务制度（5 分） | 按照流程核算，无差错。 | 1 |
| | | | 按规定执行财务审核，准确率 100%。 | 1 |
| | | | 按照规定执行财务核算，账目无差错。 | 1 |
| | | | 按照规定及时申报纳税。 | 1 |
| | | | 财务档案目录完整、存档清晰。 | 1 |
| | | 负债能力（5 分） | 资产负债率。 | 2 |
| | | | 流动资金比率。 | 2 |
| | | | 偿债能力。 | 1 |
| | | 价格机制（5 分） | 价格符合相关政策。 | 3 |
| | | | 无违法违规收费。 | 2 |
| | 安全管理（15 分） | 安全保卫（7 分） | 安保人员熟悉岗位范围内的情况。 | 1 |
| | | | 管理区域主出入口 24 小时值勤，白天为立岗。外来人员和车辆须与业主核实、登记后方可放行。 | 2 |

续表 6–5

| 项目阶段 | 一级指标 | 二级指标 | 三级指标 | 分值 |
|---|---|---|---|---|
| 运营阶段 | 安全管理（15 分） | 安全保卫（7 分） | 坚守岗位、无脱岗现象。交接班记录清晰、规范、统一。 | 1 |
| | | | 安保人员着装整齐统一，文明服务，礼貌待人。 | 1 |
| | | | 对重点区域、重点部位有巡视计划和巡视路线图。 | 2 |
| | | 安全制度落实（8 分） | 建立健全规章制度、岗位职责、操作规范、质量标准、突发事件应急预案。 | 2 |
| | | | 岗位职责：对各岗位工作范围、职责、应具备知识和能力等都应有清晰的表述。 | 2 |
| | | | 操作规范：各工作环节有完善的技术操作规范和设备操作规程。 | 2 |
| | | | 有规范的工作流程及详细的质量标准。 | 1 |
| | | | 有突发事件应急预案。 | 1 |
| | 社会满意度（15 分） | 社会效益（8 分） | 是否存在医疗、养老纠纷。 | 2 |
| | | | 是否有医疗事故。 | 1 |
| | | | 健康教育任务完成程度。 | 1 |
| | | | 养老服务满意度。 | 1 |

续表 6–5

| 项目阶段 | 一级指标 | 二级指标 | 三级指标 | 分值 |
|---|---|---|---|---|
| 运营阶段 | 社会满意度（15 分） | 社会效益（8 分） | 公共部门满意度。 | 1 |
| | | | 医疗废弃物处理合格程度。 | 1 |
| | | | 医院的消毒隔离合格程度。 | 1 |
| | | 患者满意度（7 分） | 医院后勤整体工作情况。 | 2 |
| | | | 养老服务整体情况。 | 1 |
| | | | 医院及养老、环境卫生的状况。 | 1 |
| | | | 医院及养老、保安人员的服务态度和及时性。 | 1 |
| | | | 医院后勤服务人员的服务态度。 | 1 |
| | | | 医院被服及衣物换洗的质量及服务态度。 | 1 |
| 合计 | | | | 100 |

### 3. 项目移交绩效指标

医养结合 PPP 项目的移交绩效考核指标，可以从移交内容、设施、设备完好率、人员培训、移交质保期等方面来进行制定，如表 6-6 所示。

表 6–6　　项目移交绩效考评指标

| 项目阶段 | 一级指标 | 二级指标 | 三级指标 | 分值 |
|---|---|---|---|---|
| 移交阶段 | 移交范围及程序（80 分） | 移交小组（15 分） | 按照合同约定成立移交工作小组。 | 5 |
| | | | 移交工作小组需配合政府方移交委员会的各项事宜。 | 10 |
| | | 移交的内容（40 分） | 与本项目相关使用的所有器材、机械、设备和必备配套基础设施。 | 10 |
| | | | 本项目的工程档案、竣工资料、养护资料、操作及维修手册和检测、评定资料电子文档等。 | 10 |
| | | | 项目范围内全部设施的使用权；与项目设施相关使用的所有构件、设备、零备件和配件的使用权；和项目设施相关的附属配套设施的使用权。 | 10 |
| | | | 项目运营管理方案、维修和养护资料的移交。 | 10 |
| | | 设施设备成新率、完好率（15 分） | 设施设备成新率达到 80%、完好率需符合移交委员会订立的移交要求。 | 15 |
| | | 移交的时间标（5 分） | 本项目需在运营期结束后的第一天完成移交。 | 5 |
| | | 移交质保期（5 分） | 移交完成后有 6 个月的资产质保期，在质保期内需保证设施设备等资产无质量问题。 | 5 |
| | 项目效果（20 分） | 社会效益（12 分） | 项目移交的社会效益 。 | 12 |
| | | 满意度（8 分） | 公众满意度。 | 8 |
| 合计 | | | | 100 |

# 第七章

# 医养结合 PPP 项目投融资

## 导　读

医养结合 PPP 项目投融资结构、核心要素

医养结合 PPP 项目融资困境及解决思路

医养结合 PPP 项目主要投融资方式

医养结合 PPP 项目主要投融资工具

# 医养结合PPP项目投融资结构、核心要素

资金是项目的“血液”，同样也是医养结合PPP项目健康运行的重要保障。因此，医养结合PPP项目投融资在项目实施过程中具有非常重要的作用，甚至会关系到项目的成败，而投融资结构的搭建是医养结合PPP项目投融资工作的重要组成。

## 一、投融资结构的分类

医养结合PPP项目投融资结构属于交易结构的重要组成部分。2014年11月29日，财政部发布《政府和社会资本合作模式操作指南（试行）》（财金〔2014〕113号，注：目前正在组织专家对该文进行修订）明确指出，“交易结构主要包括项目投融资结构、回报机制和相关配套安排”“项目投融资结构主要说明项目资本性支出的资金来源、性质和用途，项目资产的形成和转移等”；同时，该文件也明

确：项目实施机构应在项目准备阶段，组织编制完成包括投融资结构在内的项目实施方案。项目交易结构是 PPP 项目实施方案的重点，而投融资结构又是重中之重。

依据医养结合 PPP 项目投融资结构的不同，可以分为三类：资本金（权益性资金）结构、债务（债务性资金）结构、股债结构。通过“资本金结构 + 债务资金融资结构 + 项目现金流及收益模型”的不断测算、组合与搭建，最终选择项目投融资结构，并有必要根据项目推进实际情况进行合理动态调整。

## 二、投融资结构

### （一）资本金结构

“财金〔2014〕113 号”文件第二十三条规定，“社会资本可依法设立项目公司。政府可指定相关机构依法参股项目公司”。PPP 项目资本金结构，通常指 PPP 项目公司资本金构成及各股东出资比例结构。一般来讲，PPP 项目公司的股东由两方组成：政府出资代表和通过竞争性方式选取的社会资本方。政府出资代表的资本金出资额在实施方案中明确，并经过财政承受能力论证通过；社会资本方亦可以是联合体形式，联合体成员多以产业运营资本和金融资本为主。其中，医养运营机构是医养结合 PPP 项目股权结构的关键组成部分。

1.PPP 项目公司有资本金的要求。PPP 项目一般会涉及固定资产投资。根据《国务院关于调整和完善固定资产投资项目资本金制度的通知》（国发〔2015〕51 号）的规定，不同行业固定资产投资项目的资本金比例不同。在设立 PPP 项目公司时，需要根据项目所属行业确定项目资本金的最低比例和数额，医养结合项目的项目公司资本金一般为 20%。

2. 出资比例。在进行 PPP 项目公司股权结构设计时，需要注意出资比例限制问题。根据财政部相关的合同指南规定，项目公司可以由社会资本出资设立，也可以由政府和社会资本出资共同设立，但政府在项目公司中的持股比例应当低于 50%，且不具有实际控制力及管理权。因此，对政府参股的项目公司股权比例的设计，应注意对其持股比例予以限制，应低于 50%。

3. 出资时间安排。因 PPP 项目建设涉及资金额均较大，注册资金缴付数额如按项目初始投资额或总投资额的比例缴付，数额也是较大。实际操作中，为保证项目公司建设运营，对项目公司股东须协议拟订出资安排——是一次或分次出资。约定分次出资的，首期出资在项目公司设立时必须到位，后续出资可根据项目建设资金需求的实际情况分次进行。如出资分次安排，股东协议须约定不按期缴付出资方需承担的违约责任，以保证项目建设运营工作的有序开展。

### （二）债务结构

PPP 项目债务结构是指 PPP 项目建设运营所需的股权资金之外的债务性资金的构成情况。目前，PPP 项目债务性资金融资有许多融资工具可以使用，实施时要综合考虑项目股权结构、资金成本、项目公司收入稳定性等约束条件来选择合理、节约且可行的结构。建议对接专业的投融资咨询服务机构。

### （三）股债结构

PPP 项目股债结构指 PPP 项目公司股权资金和债务性资金之间的结构、比例，主要涉及项目资本金与项目融资的比例设置。

实际上，项目资本金制度是我国特有的制度安排。1996 年 8 月，国务院发布《关于固定资产投资项目试行资本金制度的通知》（国发〔1996〕35 号），决定对固定资产投资项目试行资本金制度，投资项目必须首先落实资本金。投资项目资本金是指在投资项目总投资中由投资者认缴的出资额，对投资项目来说是非债务性资金，项目公司不承担资本金的利息。项目公司注册资本金是法律层面的要求，指公司在工商登记时的认缴的出资额。法律上，没有规定注册资本金和项目资本金必须数额相等。项目资本金和注册资本金的差额部分，以股东自有资金借款方式，或发行永续债等权益类金融工具解决。

例如，某医养结合项目总投资为 20 亿元，项目注册资本金 1 亿元，项目资本金占比 20%。

① 资本金结构：项目注册资本金 1 亿元，项目资本金 4 亿元。其中，政府出资代表占 40%，社会资本方占 60%。项目公司设立时，政府出资代表认缴注册资本金 4000 万元，社会资本方认缴注册资本金 6000 万元；项目资本金与注册资本金的差额部分（3 亿元），根据项目建设资金需求，由政府出资代表和社会资本方共同作为股东自有资金，分批同比例（政府方：社会资本方 =40%：60%）注入项目公司，列入资本公积。

② 债权结构：项目除去项目资本金以外，仍需引入债务性资金 16 亿元。需要通过银行贷款、保险债权投资计划等方式获得。

③ 股债结构：资本金与债务性资金的比例为 20%：80%。该比例的高低除了受最新的项目资本金比例规定的最低要求外，还受到项目公司债务性资金的可获得性及股债资金成本比较两个因素的影响。

项目公司贷款尝试采用有限追索的项目融资方式。即如果项目公司不能以自身信用完成项目公司债务性资金融资，则由社会资本方通过股东贷款或补充提供融资担保的方式融资，以确保债务性资金融资到位。

## 三、投融资结构核心要素

“PPP 项目投融资的精髓，就在提高权益性资金比例吸引债务性融资和降低融资成本之间寻求平衡点”，而“PPP 项目投融资结构的核心要素，主要有现金流、风控措施、成本、金额、期限等几个方面”[①]。为满足医养结合 PPP 项目的融资需求，社会资本或项目公司应围绕上述核心要素，及时开展投融资方案设计、金融机构接洽、投融资合同签订和投融资交割等工作。其中，项目现金流是项目融资的关键，尤其是现金流的稳定性保证更是关键的关键。

医养结合 PPP 项目参与主体主要包括投资商、融资方、设计院、工程承包商、运营商、保险商等。医养结合 PPP 应以培育长期服务供给为主。在医疗养老服务领域开展 PPP 模式非常复杂，这源于医疗养老服务行为的复杂性、医疗养老服务人员管理的复杂性。医养结合服务业的核心是医疗和养老的结合，只有两者更好地结合，部门之间更好地配合，才能产生更大的效益。

医疗服务对象中有康养的服务诉求，养老项目中老年人的医疗服务也是必不可缺的。因此，医养结合项目将是医疗 PPP 项目或养老 PPP 项目的趋势。政府通常作为医养结合 PPP 项目的主要发起人。在项目中，政府的职能主要表现在确定社会资本、授予特许经营权、政府补贴、融资支持基金、项目保证、质量监管、价格监督等方面。

① 引自张继峰的《PPP 项目融金术：融资结构、模式与工具》一书。

# 医养结合 PPP 项目融资困境及解决思路

## 一、医养结合 PPP 项目融资困境

融资难问题本身就是制约 PPP 项目落地实施的重要因素。

PPP 项目投资规模大，产业资本主要提供技术和管理，投资空间有限，离不开金融资本参与。与传统政府投融资模式相比，PPP 项目融资责任改由项目公司承担，且缺乏有效的抵押担保物，这对金融机构的风险管理有更高的要求和挑战。受到整个 PPP 项目规范、清库的影响，医养结合 PPP 项目融资也面临着困境。

调研发现，目前医养结合 PPP 项目存在难题有：医疗运营受体制影响，落地障碍较多；而养护（养老）还是以地产为主，专业的养护运营机构缺乏；医疗和养护的结合，需要更符合现实需求的盈利模式。

根据《财政部关于进一步加强政府和社会资本合作（PPP）示范项目规范管理的通知》（财金〔2018〕54 号）文件显示：第三批示范项目某老年公寓项目因项目融资未落实，不再继续采用 PPP 模式，调出示范项目名单，并清退出全国 PPP 综合信息平台项目库；第三批示范项目某医养融合 PPP 项目，因项目尚未落地，调出示范项目名单，保留在项目库，继续采用 PPP 模式实施。

1. 目前政策环境下，PPP 项目资本金来源严格受限：PPP 项目不得以债务性资金充当资本金（“92 号文”）、PPP 项目按照穿透原则加强资本金审查（“23 号文”）、禁止央企为资金方的股权出资提供担保和承诺收益，也禁止央企以劣后级身份参与结构化产品（“192 号文”）、对资产管理产品的嵌套、结构化和期限错配都做了严格的限制（资管新规）。医养结合项目主要靠运营服务，一般轻资产的单位比较多，有实力能够投入大量资金的社会资本方不多，一般均需要引入财务投资人。财政部“92 号文”等文件“资本金穿透”，债务性资金不得作为资本金，股权资金融资路径被切断。

2. 银行的项目贷款难落实，对银行的放贷政策明显收紧。项目公司贷款行承担项目合规及资本金穿透审查的责任，贷款行普遍采取暂缓 PPP 项目公司贷款的审批和发放，实际影响到正在实施项目的现金流入，项目进展无法按照政府实施机构的预期进行。这样，也严重影响到了社会资本投资新增项目的信心。同时，在去杠杆的大背景下，增信难，资金成本也在逐步攀升。

## 二、医养结合 PPP 项目融资难的解决思路

1. 医养结合 PPP 项目的可行性及合规性需要进一步加强，这是解决融资难的核心问题。医养结合 PPP 项目本身满足最终用户及政府方的需求，具备经济技术可行性，前期可行性研究做深做透可为后续资金筹措打下坚实的基础，尤其建议金融资本参与到项目前期

论证当中。

2. 回归投资本质，聚焦运营与服务，选医养专业的人做好医养专业的事情。医养运营机构是医养结合 PPP 项目股权结构的关键组成部分，只有在行业里深耕，才有可能了解医养结合项目所处行业领域的技术与经济特点，才能够合理的识别风险、把控风险。“投资 + 建设 + 运营”的社会资本联合体无疑是一种现实的选择。

3. 政府基金引导支持，建立多层次、多渠道的资金渠道，进一步拓宽医养结合 PPP 项目融资渠道。国务院办公厅转发卫生计生委等部门《关于推进医疗卫生与养老服务相结合指导意见的通知》（国办发〔2015〕84 号）要求：拓宽市场化融资渠道，探索政府和社会资本合作（PPP）的投融资模式。鼓励和引导各类金融机构创新金融产品和服务方式，加大金融对医养结合领域的支持力度。有条件的地方可通过由金融和产业资本共同筹资的健康产业投资基金支持医养结合发展。用于社会福利事业的彩票公益金要适当支持开展医养结合服务。

# 医养结合 PPP 项目主要投融资方式

国家政策层面对于医养结合模式的大力推广和鼓励，为养老 PPP 项目增加了新的服务领域和盈利亮点，PPP 项目库中的医养结合型养老项目有逐渐增加的趋势。实践中，医养结合 PPP 项目落地依然需要相对复杂的投融资结构设计，即在 PPP 项目设计、建设、运营、维护、移交等各环节安排融资方案实现对 PPP 项目的资金支持。

到 2018 年 5 月 31 日为止，财政部综合信息平台管理库中养老行业项目共 106 个，其中医养结合项目 49 个，占比约 46%，如表 7–1 所示。

表 7–1　　　　财政部 PPP 信息平台医养结合项目

| 序号 | 项目名称 | 总投资（单位：亿元） | 备注 |
| --- | --- | --- | --- |
| 1 | 内蒙古国际蒙医药医养结合 PPP 项目 | 12.1254 | （示范）采购阶段，未显示项目投融资结构 |
| 2 | 内蒙古自治区示范性老年养护院暨内蒙古医科大学附属金山医院建设项目 | 6.3185 | |
| 3 | 内蒙古赤峰市阿鲁科尔沁旗民政福利小区项目 | 1.3378 | |
| 4 | 内蒙古自治区乌兰察布市商都县医疗养老护理标准化老年公寓建设项目政府和社会资本合作（PPP）项目 | 1.2995 | （示范） |
| 5 | 如东县中医院医养融合项目 | 14.1 | （示范） |
| 6 | 宿迁市三台山国际生态健康养生园 | 20.07 | |
| 7 | 宿迁市社会福利中心续建工程项目 | 3.6 | |
| 8 | 建德市残疾人托养中心 | 0.152 | |
| 9 | 安徽省淮北市濉溪县乡村医养结合 PPP 项目 | 3.7522 | |
| 10 | 安徽省阜阳市颍州区万洁养老公寓 PPP 项目 | 2.0735 | |
| 11 | 江西省养老服务中心 | 11.26 | |
| 12 | 上高县人民医院东院与上高县医养康复护理院医养融合 PPP 项目 | 5.5 | 调出示范项目清单 |
| 13 | 山东省烟台市蓬莱市智慧健康养老服务 PPP 项目 | 7.079 | |

续表 7–1

| 序号 | 项目名称 | 总投资（单位：亿元） | 备注 |
| --- | --- | --- | --- |
| 14 | 山东省潍坊市临朐县景福养老护理院 PPP 项目 | 1.63 | |
| 15 | 山东省潍坊高密市健康产业大厦 PPP 项目 | 3.0643 | |
| 16 | 山东省潍坊高密市社会福利优抚救助中心项目 | 3 | 调出示范项目清单 |
| 17 | 山东省济宁市任城区济宁市中西医结合医院任城区老年护养院 PPP 项目 | 6.6556 | |
| 18 | 山东省济宁市嘉祥九顶山养老服务和生态综合治理项目 | 130.783 | |
| 19 | 山东省济宁市某县医养结合项目 | 6.3 | |
| 20 | 山东省济宁市邹城市孟子湖新区利民医养结合康复养老项目（健康小镇） | 5.7673 | |
| 21 | 山东省临沂市郯城县鲁地天沐（郯城）温泉养老扶贫开发项目 | 3.6109 | |
| 22 | 山东省菏泽市民政医养服务中心项目 | 3.4 | （由菏泽市社会福利院和菏泽市荣军医院两个项目合并）（示范） |
| 23 | 山东省菏泽市牡丹区枫叶正红医养一体化养老项目 | 11.673 | （示范） |
| 24 | 山东省菏泽市牡丹区吴店镇医养结合项目 | 1.2 | |
| 25 | 河南省平顶山市叶县盐都养老院 PPP 项目 | 3 | |

续表 7-1

| 序号 | 项目名称 | 总投资（单位：亿元） | 备注 |
|---|---|---|---|
| 26 | 河南省许昌市襄城县—河南龙耀健康城医养结合 PPP 项目 | 5 | （示范） |
| 27 | 河南固始白鹭湖温泉养老项目 | 3.8881 | |
| 28 | 河南省周口市沈丘县沈丘念慈医院（沈丘念慈护理院）养老产业综合服务园 PPP 项目 | 8.2738 | （示范） |
| 29 | 河南省周口市淮阳县淮阳安康医院（养老服务中心）PPP 项目 | 3.8807 | （示范） |
| 30 | 湖北省宜昌市亚行贷款养老 PPP 示范项目 | 1.77 | （示范） |
| 31 | 湖南省衡阳市衡南县回雁林养老服务中心建设 PPP 项目 | 10.045 | |
| 32 | 常宁市人民医院扩建工程建设 PPP 项目医院扩建项目和老年养护中心 | 5.8765 | |
| 33 | 隆回县康养中心建设 PPP 项目 | 2.4186 | |
| 34 | 湖南省永州市蓝山县医养结合建设 PPP 项目 | 8.2965 | |
| 35 | 新田县生态健康养老医疗中心建设项目 | 4.2766 | |
| 36 | 湖南省怀化市辰溪县辰溪颐康园老年公寓医养融合 ppp 项目 | 3.71 | |
| 37 | 洪江市人民医院童鑫医养结合养老中心 PPP 项目 | 0.7 | |

续表 7-1

| 序号 | 项目名称 | 总投资（单位：亿元） | 备注 |
|---|---|---|---|
| 38 | 象州县社会养老服务区项目 | 2 | |
| 39 | 四川省南充市西充县川东北（南充）康养文化小镇 | 34.1781 | |
| 40 | 四川省宜宾市珙县中医院妇幼保健院迁建及医养中心综合建设项目 | 7.5 | （示范） |
| 41 | 贵州省六盘水市钟山区中国凉都·六盘水月照养生养老基地 PPP 项目 | 12.5808 | |
| 42 | 贵州贵定“金海雪山”国际康养城（第一期） | 10.5592 | |
| 43 | 云南省保山市龙陵县龙陵健康小镇项目 | 61.7082 | |
| 44 | 云南省楚雄彝族自治州禄丰县养老服务综合体建设项目 | 6.5 | |
| 45 | 云南省红河州开远市凤凰谷养老养生项目 | 4.4022 | （示范） |
| 46 | 陕西省铜川市老年服务中心项目 | 1.354 | （示范） |
| 47 | 汉阴县第二人民医院医养中心 PPP 项目 | 2.14 | |
| 48 | 甘肃省平凉市华亭县养老服务中心建设项目 | 1.45 | |
| 49 | 新和县社会福利院和儿童福利院项目 | 0.4702 | |

财政部前三批示范项目中，医养结合项目共有 13 个。笔者通过梳理以上项目的数据，将医养结合 PPP 项目的投融资方式归纳成资本金融资方式、债权融资模式、资本金 + 债权融资混合模式 3 种。

## 一、资本 PPP 金融资方式

医养结合 PPP 项目通常投资规模较大，一般项目资本金为项目总投资的 20%。因此，在项目的实操中，很多社会资本方会尝试引入金融机构作为财务投资人补充项目资本金，或者医养产业资本与建设类投资人作为社会资本联合体共同持有项目公司股权。财务投资人往往是以获取资金回报为目的，分为股权投资人和债权投资人。从前述财政部综合信息平台管理库项目分析看，目前医养产业资本数量较少。

1. 项目资本金和项目公司注册资本金一致时，往往采用医养产业资本与建设类投资人作为社会资本联合体方式参与到 PPP 项目当中，建设类投资人以带动施工总承包任务或土地开发任务为主要目的，医养产业资本以项目投资运营为主要目的，两者都达到了资本金融资的目的。

2. 项目资本金大于项目工资注册资本金时，则资本金融资的一部分资金以注册资本金方式在项目公司设立时注资入股，另一部分往往作为股东自由资金进入资本公积。为减少政府出资，政府出资代表往往仅在注册资本金部分出资，社会资本方需承担更多的出资责任，此时引入政府引导基金或财务投资人，就是首要选择。财务投资人的资金来源有银行理财、保险等成本较低的资金，并且通常以信托计划、券商资管计划、保险资管计划、PE 基金等合法合规的通道介入。目前来看，此种方式受资管新规影响较大。在项目资本金融资模式里，最灵活的应该是 PE 基金模式，分为有限合伙型、契约型、公司型等几种。

## 二、债权融资模式

债权融资模式主要包括银行贷款、短期融资券、中期票据、非公开定向债务融资工具、公司债、企业债、资产证券化等。通常情况下，资本金融资的方式亦可用于债权融资。医养结合 PPP 项目融资责任，原则由社会资本或项目公司承担。债权融资往往需要社会资本方股东提供增信措施：社会资本方为项目公司债务融资提供担保；社会资本方利用自身信用融资，以股东借款方式借给项目公司。

也有部分医养结合 PPP 项目采用项目融资方式，即利用项目公司的现金流入（包括政府付费、使用者付费、可行性缺口补助等）向金融机构申请债权融资，社会资本方不提供增信措施。此类方式需要金融机构对项目的研判和主动管理，现阶段下较难实现。

## 三、资本金＋债权融资混合模式

医养结合 PPP 项目融资实践中，通常会出现资本金及债权融资的混合运用复杂模式。限于篇幅，这里不再赘述。

# 医养结合 PPP 项目主要投融资工具

由于金融机构的广泛性、复杂性和专业性，使得 PPP 项目投融资工具也十分广泛，虽然资管新规下适合做医养结合 PPP 项目的资金种类十分有限，但还是有一定的市场机会。

## 一、政策性银行

在医养结合 PPP 项目的投融资工具中，政策性银行的优点是可以发挥中长期融资优势，为医养结合 PPP 项目提供投资、贷款、债券、租赁、证券等综合金融服务，并联合其他银行、保险公司等金融机构以银团贷款、委托贷款等方式拓宽 PPP 项目的融资渠道，与 PPP 项目周期匹配；不足之处是对项目质量要求高、审贷程序严格、资金使用监管严格，且不能与建设类企业组成联合体参与 PPP 项目投标。

各政策性银行在人民银行确定的年度贷款总规模内，根据申请贷款的项目或企业情况按照相关规定自主审核，确定贷与不贷。政策性银行贷款一般适用于符合国家养老产业政策发展要求、获得当地养老产业政策支持、有一定规模、效益好的养老项目。

2015 年 1 月，民政部与国家开发银行出台《关于开发性金融支持社会养老服务体系建设的实施意见》（民发〔2015〕78 号）文件，明确提出国家开发银行支持养老服务体系的具体范围与贷款要求。国家开发银行贷款项目支持重点：社区居家养老服务设施建设项目，居家养老服务网络建设项目，养老机构建设项目，养老服务人才培训基地建设项目，养老产业相关项目。国家开发银行审批通过的项目，按照工作规程进行合同签订、贷款发放与支付、本息回收、贷款管理等工作。民政部门在贷款发放后对项目实施提供后续跟踪指导，同时推动落实相关优惠政策。

2015 年 3 月，国家发展改革委、国家开发银行出台《关于推进开发性金融支持政府和社会资本合作有关工作的通知》（发改投资〔2015〕445 号）文件，明确提出国家开发银行要充分发挥开发性金融的中长期融资优势及引领导向作用，积极为 PPP 项目提供“投资、贷款、债券、租赁、证券”等综合金融服务，联合其他银行、保险公司等金融机构以银团贷款、委托贷款等方式，努力拓宽融资渠道。

## 二、商业银行

在医养结合 PPP 项目的投融资工具中，商业银行的优点是全牌照的金融机构，如建设银行、中信银行、平安银行已搭建内部 PPP 金融服务平台，发挥集团优势，通过投行资金投入股权，来带动项目公司贷款融资。如中信银行形成了“总分支”的三级联动体系和前中后台部门之间的协同配合机制，并专门成立了 PPP 项目领导小组。在医养结合 PPP 项目的投融资工具中，商业银行的不足之处是受银行监管限制，需通过信托、资管计划等模式参与，对项目融资大都要求抵押、质押或者股东担保；对项目选择及合作方选择要求高；无法解决项目公司由建设方并表问题；无法与建设类企业组成联合体参与 PPP 项目投标。

## 三、保险公司

在医养结合 PPP 项目的投融资工具中，保险公司的优点是 PPP 项目建设周期符合险资长期性的特征，有助于缓解资产负债错配的问题。因此，险资可以通过专项股权计划或债权计划为大型 PPP 项目提供融资，可为项目公司提供各类保险。在医养结合 PPP 项目的投融资工具中，保险公司不足之处是对项目质量及合作对象要求非常高，多数需要项目公司股东进行融资增信。

## 四、证券公司

在医养结合 PPP 项目的投融资工具中，证券公司的优点是可以通过资产证券化、资管计划等方式介入；不足之处是受制于资金来源和牌照等限制，主要以服务中介的身份参与 PPP 业务，其介入程度无法和银行业、保险业相比。

资产证券化作为打开 PPP 项目投融资退出通道的必要措施，既有利于解决已形成的存量 PPP 项目资产固化引发的流动性需求，也有利于吸引更多的社会资本投入到传统基础设施建设和公共服务领域中。就前者而言，涉及相关社会资本的可持续投资能力的构建问题；就后者而言，则是提高 PPP 项目投资的可进入性。因此，两者在很大程度上都涉及进一步扩大社会资本投资和进入 PPP 领域的问题，这也是为社会资本打开退出通道以促进社会资本对 PPP 领域的投资和融资活动，从而解决 PPP 业务的资金需求。

## 五、信托公司

在医养结合 PPP 项目的投融资工具中，信托公司的优点是能够直接以股权投资信托计划，入股项目公司。在医养结合 PPP 项目的投融资工具中，信托公司的不足之处是信托计划展期，多需要施工企业提供流动性支持等隐形担保，从而增加施工企业或有负债；信托收益要求较高，多需要施工企业以自身施工利润进行贴息。

在医养结合 PPP 项目的投融资工具中，从资金方面来看，信托公司陷入两难境地：信托公司若通过募集资金来参与 PPP 项目，募集资金必然要求较高的回报率，而这与 PPP 项目的公益性质决定的低回报率相悖；若信托公司以其自有资金参与 PPP 项目，则其自有资金体量有限，难以与银行、保险等机构匹敌。PPP 项目的长期风险、浮动收益、风险保障机制等方面亦与目前信托公司以债权融资为主导的业务模式存在差异。信托公司在开拓 PPP 业务方面有诸多顾虑，至今落地的 PPP 信托项目还比较少。

## 六、PE 公司

在医养结合 PPP 项目的投融资工具中，PE 公司的优点是可以股权直接投入项目资本金，其他机构有诸多限制；可通过夹层融资、优先股、可转还债等方式创新股债结合模式，降低股权投资风险；与建设企业配合方便、灵活。在医养结合 PPP 项目的投融资工具中，PE 公司的不足之处是 PE 本身追求高回报及快速退出，与 PPP 项目的盈利不暴利、长期合作伙伴关系有些错位。

## 七、PPP 基金

PPP 基金特点是结构化、灵活性，有中国政企合作基金、养老产业引导基金两类。

### （一）中国政企合作基金

国家层面的 PPP 引导基金在 PPP 模式中起着重要的政策性引导作用，投资领域涉及医养结合等公共服务领域。并且，以纳入国民经济和社会发展规划、基础设施和公共服务领域专项规划，以及党中央、国务院确定的其他重大项目中的优质 PPP 项目为主要目标。

根据《中国政企合作基金与 9 省区签署基金投资合作协议涉及 PPP 项目名单》显示：中国政企合作基金拟参与到内蒙古自治区通辽市科尔沁区第四人民医院 PPP（医养结合）项目。

### （二）养老产业引导基金

财政部要求：试点的养老产业基金的 60% 以上必须用于居家养老、社区养老、集中养老等大众化养老服务产业，其余 40% 的资金不做具体限定。考虑养老产业目前处在微利状态，在大众化养老服务业之外，养老产业基金可以从事与养老有关的住宿、餐饮、老年用品的研发与生产等利润率高一些的投资，利于投资回报方面取得平衡。

例如，湖南健康养老产业投资基金是全国首支省级政府引导型健康养老产业投资基金，基金首期规模 45 亿元，力争总规模上 100 亿元。养老产业基金将在中央财政引导资金的基础上，广泛吸纳民营资本以及银行、保险公司等金融机构的出资。如“湖南健康养老产业投资基金”按照“政府引导、企业主导、市场运作、专业管理”的原则，着力从 3 个方面助推湖南健康养老产业健康发展：一是打造多元融合的资金组织平台，二是打造点面结合的服务组织平台，三是打造产融结合的运营组织平台。

## 八、养老产业专项债券

专项债券是指为了筹集资金建设某专项具体工程而发行的债券，通常可以分为一般债券（普通债券）和专项债券（收益债券）。前者是指地方政府为了缓解资金紧张或解决临时经费不足而发行的债券，后者是指为了筹集资金建设某专项具体工程而发行的债券。养老产业专项债券的发行主体是养老服务企业，包括养老机构、养老运营商，募集的资金主要用于建设养老服务设施设备，支持专门为老年人提供生活照料、康复护理等服务的营利性和非营利性养老企业发行养老产业专项债券。

根据《养老产业专项债券发行指引》(发改办财金〔2015〕817号)的要求：一是根据养老产业投资回收期较长的特点，支持发债企业发行 10 年期及以上的长期限企业债券或可续期债券；二是支持发债企业利用债券资金优化债务结构，在偿债保障措施较为完善的情况下，允许企业使用不超过 50% 的募集资金用于偿还银行贷款和补充营运资金。支持发债企业按照国土资源部《养老服务设施用地指导意见》有关规定，以出让或租赁建设用地使用权为债券设定抵押。对于政府通过 PPP、补助投资、贷款贴息、运营补贴、购买服务等方式，支持企业举办养老服务机构、开展养老服务的，在计算相关发债指标时，可计入发债企业主营业务收入。积极开展债券品种创新，对于具有稳定偿债资金来源的养老产业项目，可按照融资—投资建设—回收资金封闭运行的模式，开展项目收益债券试点。

# 第八章

# 医疗与养老 PPP 经典案例解读

## 导　读

某养老康复中心 PPP 项目解读

某市医养结合 PPP 项目解读

某县医养结合 PPP 项目解读

吉林省长春市养老综合 PPP 项目

# 某养老康复中心 PPP 项目解读

## 一、项目概况

1. 项目名称：某养老康复中心 PPP 项目（以下简称“本项目”）。

2. 项目建设地点：本项目所在地为某市某镇某村，自然环境优美，水源充沛，空气清新，气候适宜，十分适合开发建设养老康复中心项目。本项目距市中心约 ×× 公里，交通较为便利。

3. 项目建设规模和建设内容。本项目包含养老康复中心、残疾人托管服务中心、社会福利院儿童部 3 个工程，总占地面积约 ×××× 平方米，总建筑面积 ××××× 平方米，拟建设床位总数约 ×××× 张。本项目建成后可为老人、残疾人和儿童提供居住、饮食、娱乐、健身、医疗康复等方面的全方位服务。

4. 项目投资。本项目总投资约 × 亿元。

5. 资金来源。本项目资金由 PPP 项目公司筹集，暂定项目资本金为 × 亿元，剩余资金拟以银行贷款方式解决。

6.PPP 项目公司股权。PPP 项目公司由政府出资方代表、社会资本共同出资组建。PPP 项目公司注册资本金暂定 ×××× 亿元，其中政府方出资 ×××× 万，占股 10%，社会资本出资 ×××× 万元，占股 90%。

## 二、项目针对人群及服务机构现状

本项目所在地某市 60 岁以上老年人口超过 ××× 万，占总人口超过 ×%。空巢留守老人近 ×× 万，占老年人总数的 ×%。失能和半失能老人超过 ×× 万人，占老年人总数的 ×% 左右。据预测，某市高龄老人、失能老人、空巢老人将急剧增多。到 2020 年，全市老年人口占全市总人口的比例将达到 ×% 左右。人口老龄化对养老服务、医疗保障、文化教育等公共服务体系提出了更高要求。

某市经济不发达，各项公共福利制度不够完善，服务机构数量不能满足要求，目前每千名老年人养老床位数为 ×× 张，低于某省《社会养老服务体系建设实施办法》提出的全省养老机构床位数达到每千名老年人 ×× 张以上的建设规划标准。此外，现有养老服务机构大都设施简陋、功能单一，护理质量和康复水平低下，难以提供照料护理、康复、精神慰藉等多方面服务，社会整体保障水平相对偏低。

## 三、项目运作的意义

略。

## 四、项目采用政府与社会资本合作的必要性

本项目有两个难点。一是项目必须吸引足够数量具备消费潜力的老人，才能够形成规模效应，带动周边养老服务及关联产业的发

展。二是项目投资大、回报低，依靠项目本身收入难以维持运营收支平衡。如果本项目定位偏低，入住老人消费潜力不足，不能有效支撑项目周边养老服务及关联产业的发展。如果项目定位偏高，则入住老人的数量不足，不能形成规模效应。

本项目总投资约 × 亿元，特许经营期内当年使用者付费总额约 × 亿元，年度运营成本总额约 × 亿元。项目特许经营期满后依靠自身现金流无法收回全部投资，需要政府提供可行性缺口补助。

本项目采用政府和社会资本合作的方式能够解决上述两个难点，且能实现共赢。一是社会资本在获得政府的补贴后，获得合理回报，降低服务价格，为老年人群体提供平价且高质量的服务，从而吸引足够数量具备较强消费潜力的老人入住。二是政府可以引进综合实力强的社会资本，可以减少初期投入，平滑财政支出，提高资金利用效率。三是老年人群体尤其是经济能力一般的老年人，可以享受到价格一般但优质的养老服务。

## 五、风险分配基本框架

### （一）风险识别

本项目建设地点远离城镇集中区，项目在规划、土地、环保、节能等方面存在不确定因素，存在项目不能按计划获得政府相关部门审批的风险。本项目总占地面积约 ×××× 平方米，存在土地获取风险。本项目建设涉及周边村镇、村民、居民及其他利益相关者，需要协调各方利益相关者关系，存在外部关系协调的风险。本项目存在法律变更、政府征收行为风险。本项目存在融资资金难以按期足额到位的风险。本项目存在绩效考核不达标，政府扣减项目财政补贴的风险。

### （二）风险分配原则

本项目按照风险分配优化、风险收益对等和风险可控等原则，综合考虑政府风险管理能力、项目回报机制和市场风险管理能力等要素，在政府和社会资本间合理分配项目风险。

## 六、项目运作方式

### （一）项目运作方式选择

本项目运作方式采用建设—运营—移交（BOT）模式，操作步骤为：政府授权出资方代表与社会资本合作组建 PPP 项目公司；PPP 项目公司以项目资产或收益权质押或其他方式向金融机构融资；PPP 项目公司负责项目的融资、投资、建设、运营、维护和用户服务；PPP 项目公司通过向用户收取服务费、政府向 PPP 项目公司提供可行性缺口补贴获取收益；项目特许经营期满，PPP 项目公司将项目资产等无偿移交给政府。

本项目合作期限（含建设期及商业运营期）为 ×× 年。

### （二）项目前期工作及相关费用

本项目全部投资除 PPP 项目协议明确约定应由政府方承担的费用外，均由项目公司承担。项目公司注册成立后，应在 PPP 项目协议约定的期限内将政府方已实际垫付的前期工作费用按照项目协议的约定支付给政府方。

### （三）项目公司治理结构

政府和社会资本通过签订 PPP 项目公司合资协议、公司章程，组建 PPP 项目公司，由 PPP 项目公司负责项目融资、投资、建设、运营、维护、管理、移交工作。

### （四）项目建设、运营的运作方式

在《PPP 特许经营合同》签署生效后，社会资本方应设立项目建设资金专用账户，保证专用资金账户资金满足本项目进度需要，政府方有权随时查询了解专用资金账户资金和使用情况。

社会资本方应保证建设工程的质量达到适用法律及《PPP 特许经营合同》约定的要求。

在不影响 PPP 项目公司《PPP 特许经营合同》项下义务的情况下，政府方有权参加或检查社会资本方及任何建设承包商和工程监理公司的质量控制过程及方法，以确保建设工程符合质量要求。社会资本方应协助进行这类定期检查。

## 七、项目移交的运作方式

本项目移交过渡期为特许经营期届满前 12 个月。移交过渡期内，政府或其指定机构和 PPP 项目公司应成立移交委员会，双方分别委派 5 名人员，移交委员会负责人由政府或其指定机构委派的人员担任。移交委员会应在成立之后 6 个月内确定最后恢复性大修计划、移交程序、移交标准、PPP 项目公司聘用雇员的安置计划等事项，前述有关移交的重大事项需通过移交委员会 6 名或 6 名以上成员表决同意后方为有效，由 PPP 项目公司予以落实。

## 八、交易结构

### （一）项目投融资结构

PPP 项目公司的投资总额约 × 亿元，项目资本金为 × 亿元，根据项目建设资金需求，由政府方出资代表、社会资本按照各自股权比例出资。

PPP 项目公司以项目资产及收益权质押方式向金融机构申请贷款，贷款利率不超过 5.88%（五年期以上贷款基准利率上浮 20%），必要时由社会资本为项目贷款提供补充担保。

PPP 项目公司将项目资本金和贷款资金投入项目建设，形成本项目资产。

PPP 项目公司通过项目运营获取营业利润，某市人民政府依照相关协议约定向 PPP 项目公司支付可行性缺口补贴。

PPP 项目公司向金融机构偿还贷款本息。

项目特许经营期满，PPP 项目公司将项目资产无偿移交给政府。

**（二）项目回报机制**

本项目回报机构采取“使用者付费 + 政府可行性缺口补贴”方式。可行性缺口补贴模式的政策依据为《政府和社会资本合作项目财政承受能力论证指引》（财金〔2015〕21 号），对可行性缺口补贴模式的项目，在项目运营期间，政府承担部分直接付费责任。

政府可行性缺口补贴 = 可用性付费 -（使用者付费 – 年度运营成本）

可用性付费 =PMT（建设资金回报率，回报年限，全部建设成本），分 × 年等额本息支付可用性付费，计息本金为全部建设成本。建设资金回报率≤ 5.88%（最高不超过五年期以上银行贷款基准利率的 1.2 倍，最终以投标人竞价为准）。若经政府方协助获得政策性银行（如国家开发银行）贷款，贷款基准利率以项目公司实际获得的政策性银行贷款利率作为基数，全部建设成本以项目竣工决算审计金额为准。使用者付费按照投标人报价承诺上浮率与实际年度审计金额核算。项目分期实施，各期项目可行性缺口补贴应分别核算。

可行性缺口补贴的可税性方面，根据《关于专项用途财政性资金企业所得税处理问题的通知》（财税〔2011〕70 号），企业从县级以上各级人民政府财政部门及其他部门取得的应计入收入总额的财政性资金，符合一定条件的，可以作为不征税收入，在计算应纳税所得额时从收入总额中减除。为降低项目运作成本，本项目可行性缺口补贴从政府养老专项基金中拨付，作为 PPP 项目公司不征税收入。

## 九、经济测算

本项目特许经营期内，可行性缺口补贴总额约 × 亿元。根据财务分析，本项目社会资本投资内部收益率约 ×%，项目投资回收期近 × 年，财务净现值 ××× 万元。

# 某市医养结合 PPP 项目解读

## 一、项目概况

某市中医院医养融合 PPP 项目（以下简称“本项目”）采取“医养结合”的经营方式，充分利用中医院闲置的医疗资源，采用引入社会资本，对现有建筑进行改造，将本项目打造成本地区高端的精品养老服务机构，为老年人提供优良的养老服务，实现“老有所养”的目标。

本项目将中医院的中医医疗资源与养老项目的需求相结合，实现资源利用的最大化。其中，“医”包括医疗康复保健服务，具体有医疗服务、健康咨询服务、健康检查服务、疾病诊治和护理服务、大病康复服务以及临终关怀服务等。“养”包括生活照护服务、精神心理服务、文化活动服务。

本项目的实施将有效改善某市目前养老设施短缺及社会化养生、养老行业发展缓慢的问题，有利于地区社会的和谐发展。

项目总投资约 1.2 亿元。

## 二、运作模式及要点

### （一）运作模式

项目采用“改造 – 经营 – 移交”（ROT）的模式进行运作，政府与社会资本共同出资设立项目公司。由项目公司负责设计、可研、立项、招标及改建全过程，改造的建设资金由项目公司筹集、支付。

项目的收入主要来自于养老及相应的医疗收入，政府只按照国家有关政策支付相应的专项补贴，医疗收费按照相应的规定和收费标准执行。

本项目运作模式如图 8-1 所示。

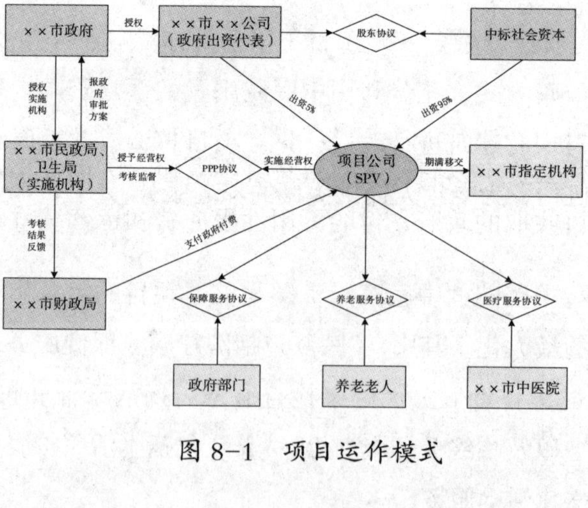


图 8-1　项目运作模式

## （二）合作年限

本项目合作年限为 25 年。合作期满后，如无异议，双方可以续签合同。

## （三）融资结构

在融资方案中对项目融资结构和担保结构进行分析的主要目的是考察交易结构在投融资方面的可行性。本项目融资担保结构的主要条件应该能够为交易双方所接受。此外，在招商方案阶段对融资及担保结构进行设计的好处还在于可以充分利用招商中介的经验，结合招商推荐阶段的市场反馈，使方案设计具备较强的可操作性，避免出现被动的局面。图 8–2 是本项目融资结构图。

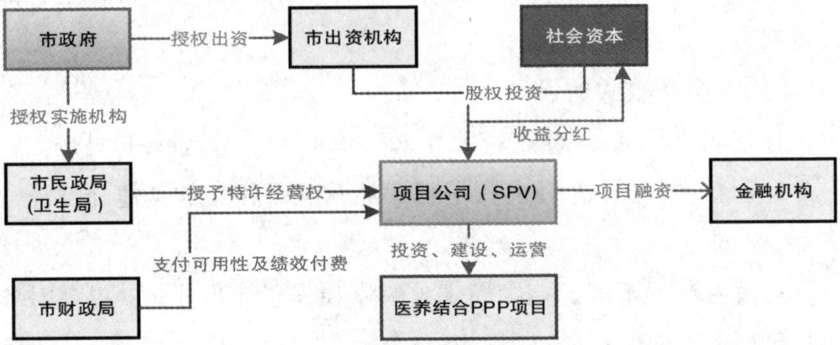


图 8–2　项目融资结构图

需要说明的是，本项目的融资结构是一种基于特许经营权的项目融资，即社会资本以履行本项目特许经营协议为前提，以特许经营期内预期可收取的政府支付的可用性服务费和运营绩效费作为主要质押品，向商业银行或银团申请长期项目贷款。

## （四）项目资产转移

基于本项目的实际情况，根据政府资产管理需求，项目资产可以采用以下方式进行转移。某市中医院将闲置的医疗资产租赁给项目公司，项目公司根据 PPP 相关协议，由项目公司每年向某市中医院支付租赁费。

**（五）回报方式的设计**

回报机制：使用者付费，政府购买服务。

主要收费内容有床位费、护理费、膳食费、代办服务性收费及医疗费等。

设立基本养老服务保障对象数量，在养老 PPP 项目中，项目公司承诺提供相应数量的非营利性养老床位，此部分通过政府购买服务的方式进行付费，实行政府定价或指导价，由民政部门会同价格主管部门审核确定收费标准及浮动标准。

养老机构中除基本养老服务保障床位外，可以接收非基本养老服务保障对象，收费标准实行市场价格，报民政部门和价格主管部门备案审查后实施。

**（六）盈利模式的设计**

1. 基本盈利模式：使用者付费，政府付费，可行性缺口补助。

2. 创新盈利模式：政府授予特许经营项目相关的其他开发经营权益。

3. 盈亏状况不同的捆绑模式，医疗和养老互为补充，提高财务可持续性、稳定性和利润。

4. 合理设定保底量。例如，多少床位由政府方支付，不足仍按最低需求量保证。

5. 搭配增值产品：包括老人产品的开发收益，未来的广告、冠名收益、股权的收益。

**（七）调价机制**

由于特许经营期较长，项目运营成本也会随着时间发生变化。根据《基础设施和公用事业特许经营管理办法》的要求，特许经营项目价格或收费应当依据相关法律、行政法规规定和特许经营协议约定予以确定和调整。本项目将基于运营期的实际情况，综合考虑利率水平、物价指数、国家的药品政策等方面，建立中期评估等后续调价机制，以充分实现项目整个生命周期内的风险共担与利益共享。

## （八）风险分配机制

### 1. 风险分配原则

风险分配优化原则，由对风险最有控制力的一方承担项目的主要风险。

风险收益对等原则，承担的风险程度与所得的回报收益相匹配。

风险可控原则，建立风险预控机制，承担的风险应有上限。

### 2. 各方承担的责任

审批、土地、本级政府政策、最低需求量等项目风险由政府方承担。方案优化、投资、融资、建设、运营等项目风险由项目公司承担。通过合理分配风险，有效地降低项目全寿命周期成本，实现物有所值的目标。

## （九）政府承诺条件

建设期：依据省内相关政策，市级财政给予床位建设补贴。

运营补贴：政府承诺购买养老服务保障服务范围内基本床位补贴。

养老意外险：民政局按实际使用床位购买养老意外险。

政府为本项目争取政策性银行低息贷款。

政策支持：落实项目公司各类补贴；配套设施的完善，市政配套、路、网；优惠的成本价格，水、电；政府方为项目公司融资提供必要的协助；税费的减免；等等。

# 某县医养结合 PPP 项目解读

## 一、项目概况

某县医养结合 PPP 项目（以下简称“本项目”）包含某县养老机构建设（为主）和与之相配套的医院建设（为辅）两成部分，项目位于某县新世纪路北侧，建设总用地面积 46537 平方米。本项目总建筑面积 170104.58 平方米，包括地上建筑面积 130673 平方米、地下建筑面积 39431.58 平方米。本项目建成后可容纳医疗床位 499 张（含残疾人康复床位 200 张），养老床位 1900 张。

本项目总投资 7.9 亿元。

## 二、运作模式

### （一）BOO 运作模式

本项目由政府方与中标社会资本方共同成立项目公司，县民政局和项目公司通过签订特许经营协议授予项目公司 PPP 项目特许经营权，明确项目公司特许经营权的范围和期限。

在建设期，项目公司应根据项目建设规模及建设要求，及时足额筹措资金，承担项目全部基础设施及相关设备的建筑与安装，包括相关医疗辅助设备的安装和维护。

在项目运营期，项目公司负责提供养老和医疗服务，并获取相关收益，承担本项目的安全、维护、运营、管理等义务。特许经营期满，项目公司仍旧拥有本项目的所有权。县民政局协同本级各职能部门负责监督管理项目公司对本项目工程的设计和建设以及在项目运营期所提供的服务。

在特许经营权期满时，项目公司要与某县政府或其指定机构进行特许经营期延期等事宜协商。

### （二）特许经营期限及范围

#### 1. 特许经营期限

本项目根据测算，设定的特许经营期限是 30 年（含 2 年的建设期）。

#### 2. 特许经营范围

政府方出资代表和中标社会资本方共同在某县成立项目公司，为独立法人，由项目公司负责本项目的设计、投融资、建设及运营维护事宜。

## 三、交易结构

### （一）项目投资安排

本项目总投资为 7.9 亿元，项目资本金为项目总投资（7.9 亿元）

的 20%，约为 1.58 亿元，政府方出资 790 万元——占股 5%，中标社会资本方出资 1.501 亿元——占股 95%。

### （二）项目回报机制

本项目的特色是全部采用使用者付费的模式。经前期测算，本项目的经营能够产生较为稳定的现金流，项目收益可以覆盖项目公司经营成本并能够满足其合理回报。图 8-3 为本项目的收益示意图。

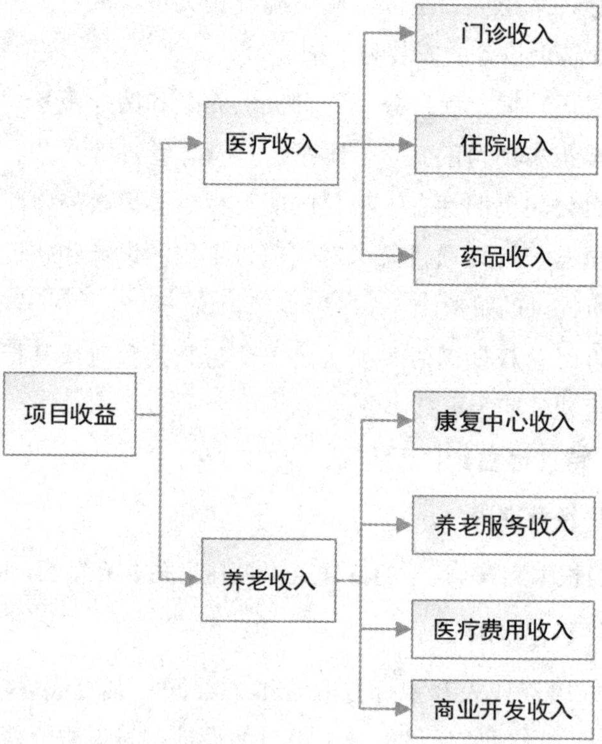


图 8-3　项目收益

#### 1. 经营性收入

本项目收益主要来源为经营收入。医疗收入包括门诊收入（含医药收入）、住院收入和药品销售收入。养老院收入包括养老服务收入、康复中心收入、医疗费用收入和商业开发收入等。

### 2. 价格调整机制

（1）医疗服务价格和药价调整机制

医疗服务价格和药价的定价及调价严格按照国家及地方规定标准执行，接受当地价格主管部门的监督。

（2）租金等收费价格调整机制

本项目的养老院床铺租金价格、商铺租金价格、车位租金价格等属于市场行为，由项目公司根据自身运营情况及市场动态定价及调价，接受本地价格主管部门的监督。

### 3. 项目补贴

本项目工程建设资金及专项补助资金都建立专门账户管理，确保专款专用。县民政局作为申请主体以本项目向上级申请的专项补助资金，属于县民政局所有。社会资本方作为申请主体以本项目名义申请的专项补助资金，属于项目公司所有。

## 四、项目特点分析

### （一）项目采用 BOO 方式，减少政府补贴

本项目通过医疗项目 + 养老项目打包招标，充分挖掘项目的商业价值，是完全的使用者付费类项目，减少了政府的财政支出，缓解了地方政府财政压力；同时，也为社会公众提供了更好的医疗和养老服务。

### （二）通过 PPP 模式，实现优势互补，风险共担

政府主管部门可以通过制定政策对本项目施加影响，利用行政管理权力监管公共服务的提供；同时，也应当承担政策、法律等社会资本无法承担的国家层面的风险。

医疗、养老服务是社会基础性公共服务之一，但医疗、养老基础设施的建设及建成运营维护等问题毕竟又涉及医学、社会学等各个领域，专业性较强，如果完全采用政府自行筹建运营，需

要耗费大量人力、物力，而社会资本方可凭借自身的技术管理优势提供更为专业的服务，以及自身市场运作经验，来承担项目的市场运营风险。

采用PPP模式后，优化了本项目风险分配，保障了医养结合PPP项目的质量水平、绩效水平和管理水平。

# 吉林省长春市养老综合PPP项目

调研发现，在各方的努力下，目前已有医养结合PPP项目成功落地，如吉林省长春市养老综合PPP项目（以下简称“本项目”）。

公开资料显示，为了缓解养老服务产品供给不足、比重偏低的问题，进一步提高养老服务质量，给百姓提供更充分、更丰富的养老服务产品，吉林省长春市积极探索运用PPP模式，实现医养结合，推进养老服务体系建设。

## 一、创新医养结合模式，满足多样养老需求

本项目主要分为3个子项目，即医养结合养老机构项目、托老服务中心项目和居家养老服务中心项目。项目以医养护一体化为主要理念，通过物联网、智慧医疗等技术手段，最终解决老年人的养老、健康、医疗等多样化问题。

一是医养结合养老机构项目。拟在净月区建设一个医养结合养老机构，内设1个护理院，包括综合服务楼、组团疗养楼以及附属

设施等。总建筑面积50000平方米，床位800张，总投资2.8668亿元，项目建设期3年。

二是托老服务中心项目。拟在9个城区建设不少于9个托老服务中心，是集养老、休闲、娱乐、学习、健身、医疗于一体的功能齐全、能满足不同群体养老需求的新型托老服务中心。总建筑面积90000平方米，总床位1800张，总投资3.401亿元，项目建设期3年。

三是居家养老服务中心项目。拟在多个社区建设90个居家养老服务中心，按照各社区可提供建筑面积及社区老人数分为500平方米以上、300平方米~500平方米、150平方米~300平方米3个类别装修标准进行改扩建。总建筑面积25200平方米，总投资9450万元，项目建设期3年。

## 二、发挥财政职能作用，促进项目规范有序开展

长春市财政局充分发挥财政职能，积极推进养老综合PPP项目规范、有序开展。

一是积极争取，列为财政部示范项目。长春市财政局切实有效履行管理职能，统筹安排、精心组织，通过不断努力，本项目被列入财政部第二批PPP示范项目。

二是沟通协调，推动项目开展。按照长春市委、市政府的总体部署，根据PPP项目操作程序，长春市财政局会同相关单位密切协作配合，全面组织推进养老综合项目各项前期工作，编制完成PPP项目实施方案，开展项目联审，严格投资评审，协调及时采购，确保各阶段任务及时完成。

三是细致识别，控制财政风险。通过识别、测算各项财政支出责任，统筹处理好当前与长远的关系，严格控制PPP项目财政支出规模，科学评估项目实施对当前及今后年度财政支出的影响，有效防范和控制财政风险，同时确保实现PPP项目可持续发展。

## 三、精细测算资金规模，有效缓解支出压力

按项目要求，长春市财政需逐年支付可行性缺口补助。通过测算，每年应向项目公司支付可行性缺口补助或服务费 5186.2 万元，合作期共支付总额静态值 11.7006 亿元，折现约 6.9132 亿元。

一是医养结合养老机构方面。每年支付可行性缺口补助 1537 万元，运营期可行性缺口补助总额静态值 3.3814 亿元，折现约 1.9743 亿元。

二是托老服务中心方面。每年支付可行性缺口补助 2679.5 万元，运营期可行性缺口补助总额静态值 5.8949 亿元，折现约 3.5063 亿元。

三是居家养老服务中心方面。每年支付服务费平均约为 969.7 万元，合作期支付服务费总额静态值 2.4243 亿元，现值约 1.4326 亿元。

## 四、持续推进项目建设，发挥项目更大效益

本项目实施方案已得到市政府批准，正在办理编制招标文件等相关采购手续，待手续完备后将对社会资本实施政府采购。长春市财政局将促进采购过程公开、公平、公正，确保项目效益的进一步体现。

一是转变政府职能。转变政府职能，有利于完善财政投入和管理方式，提高财政资金使用效益。

二是提升产品质量。有利于提升政府提供养老设施和服务的质量与效率，进一步加快长春市养老事业发展。

三是缓解财政压力。有利于缓解因项目建设带来的财政压力，平滑财政支出并减少未来财政支出的不可预见性。

四是探索持续发展。有利于探索养老服务行业 PPP 运作新思路，有利于养老服务项目建设和运营的可持续发展。

# 第九章

# 全球视野下的医疗与养老

## 导　读

发达国家养老模式主要特点

英国医疗项目成功运用 PPP

借鉴国外医养结合模式

# 发达国家养老模式主要特点

人口老龄化是社会经济发展的必然趋势。

早在20世纪60年代中期，欧洲就有国家迈入老龄化社会。研究发现，由于有经济实力作支撑，发达国家“社会养老”特点明显：在社会保障体制中，老年人具有独立生活的经济能力；在福利设施、服务体系以及居住环境等方面，针对老年人的生理情况，采用不同层次、不同类别的设计。以美国为例，老年人的居住设施大致分为五大类：独立式住宅、老年公寓、养老院、护理院、老年养生社区，每一类都辅以相应的服务管理体制。

相关研究认为，发达国家养老行业主要有以下特点：一是细分养老服务，依据老年人所需要的社会服务支持的程度来划分老年人居住建筑的模式；二是政府支提供补贴，政府对养老机构开发提供优惠，对具有公益性质的养老机构提供补贴；三是社会保障，将老年住宅纳入整个社会保障体系中，重点解决低收入老年人的住房问题；四是独立自主，允许老年人自由且独立的生活，并提供必要的协助。

下面，我们分别介绍发达国家有代表性的几种养老模式。

## 一、美国养老模式

美国从 20 世纪 40 年代步入老龄化社会，几十年的市场化运营促进了养老产业的成熟。美国养老模式丰富多样，形成了层层嵌套、相互补充的较为成熟的体系。不同身体状况、不同诉求的老年人均能根据自身需要找到相对应的养老生活方式。

据介绍，美国老年人一般选择到老人公寓、老人院和老人护理院等机构养老。老人公寓是由政府或社区出资为身体健康、生活自理的退休老人提供的低收费老人住所。老人院、老人护理院是私人开办的机构，肩负康复训练等医疗职能，政府通过引入市场竞争机制，向私营机构购买服务来发展老人服务业，联邦政府和地方政府会向入住私人机构的老人提供费用资助，加上保障基金、商业保险补贴、政府养老金等，真正由个人支付的只占原费用很小一部分。

## 二、英国养老模式

从 20 世纪 90 年代起，英国的社区养老模式便开始代替家庭养老模式。社区养老模式是英国政府为了提高养老服务的质量和降低成本，通过市场竞争机制引进优质的社会资本为老人提供医疗养老服务。具体来说，社区养老模式以社区为依托为老人提供居家服务、家庭照顾等形式以保障老人的生活。社区养老模式结合了家庭养老和机构养老二者的优点，既没有远离家庭（生活在自己以前熟悉的社区，亲人方便过来照顾，身边也都是以前熟悉的朋友，有共同的语言和爱好，没有孤独感），又享受到了专业化的养老服务。因此，深受老人们的青睐。

英国老年社区建筑规模大，具有完善的配套设施与功能区划分，里面有各种各样的俱乐部，而且开设的课程和组织的活动多达近百种。总的来说，英国老年社区是集合了居住、商业服务和度假疗养为一体的大型综合社区。

## 三、德国养老模式

德国是世界上最早建立公共养老体系的国家，其主要养老模式有居家养老、机构养老、专家照料院和老年照护院。居家养老包括上门护理、日间照料和监护式公寓。机构养老是指提供一般医疗、护理和照顾的养老院。专家照料院由专业人员为失能、半失能老年人提供服务。老年照护院为 65 周岁及以上的需要进行康复治疗的老年人提供服务。德国养老模式鼓励居家养老，形成了“以居家养老为主体，依托社会服务，机构养老为支撑”的长期照护原则。

## 四、瑞典养老模式

北欧的瑞典以高福利著称，养老也不例外。瑞典养老模式主要采取的是“政府建设养老机构 + 高福利 + 私人经营”的模式。即政府投资建设各类养老机构，引入私人资本经营管理。这一点类似于我国的公建民营模式，但有一点明显不同，即在付费方面：我国的公建民营养老机构主要是使用者付费；而瑞典政府承担了养老费的绝大部分，甚至高达 96%，这也是其高福利的重要体现。

## 五、日本养老模式

日本是全世界老龄化程度最高的国家，其中 65 岁以上老年人口占总人口的比例为 1/4。在养老模式方面，随着社会的发展，养老方式逐渐由家庭走向社会。其中，把居家养老与社会养老结合起来，是目前日本流行的养老方式。

需要说明的是，日本实行的是介护险制度[①]。日本的介护工作开始于20世纪80年代末，当时的日本已经进入老龄社会，老年人口占总人口的比例高达14% ~ 15%。少子化的后果使独居老年人的家庭不断增加，家庭护理者的年龄结构偏大，出现了老年人照料老年人的现象。由于文化的原因，日本老年人喜欢居家养老，因此很难找到合适的照顾者。在这种情况下，以法律的形式保障老年人的生活健康福利问题迫在眉睫。1987年，日本政府出台《社会福利及介护士法》。1997年12月，日本政府通过了《介护保险法》，保险对象为居住在日本的40岁以上者（包括外国人），其中65岁以上为第一被保险者，40岁至65岁为第二被保险者[②]。日本中央政府负担保险费的50%，使用者自付10%，另外40%由日本地方政府承担。

日本介护保险制度允许社会资本或私人资本参与其中并营利，将老年人长期护理引入市场化运作，以居家照护为主、机构照护为辅，扩大服务的提供量。这种制度将老年人福利与医疗服务等有机结合，平衡了市场的供给、需求和利益三者之间的关系，实现有限资源的共享与利用，既培育了老年人护理市场，又增加了透明性与公平性。

## 六、欧美养老产业发展商机

随着人口老龄化进程加快和政府对养老事业的日益重视，欧美养老产业发展潜力巨大，一些国际大公司已经嗅到了欧美养老产业

① 所谓介护是指以照顾日常生活起居为基础，为独立生活有困难者提供帮助，其基本内涵为自立生活的支援、正常生活的实现、尊严及基本人权的尊重。介护老人是相当于完全不能自理的老人，这类老人通过观察或生活自理能力评估，属于“生活自理能力重度依赖”、全部日常生活需要他人代为操持的老人。

② 介护保险服务内容包括：一是居家护理，包括来访护理、沐浴、看护、康复训练、日托、设备租借、痴呆老年生活护理指导、居家疗养指导等13种服务；二是设施护理，包括特别护理、保健设施和疗养型病床设施3种服务。

发展的巨大商机，纷纷抢滩登陆。

数据显示，全美最大的老年人生活服务提供商——加国安老院已在德国、英国开办了多家联合企业。该公司在伦敦附近开设的一家老年公寓，每月的费用高达4000英镑，客源仍然不断，经营业绩一路飙升。松下国际电子公司已经设立了专门的养老院部门，准备在日本建造一所具有高科技含量的综合型养老院，老年人可以和机器宠物玩耍，还能通过互联网与亲朋好友保持联系。

# 英国医疗项目成功运用 PPP

“他山之石，可以攻玉”。

英国是现代 PPP 模式的鼻祖，也是当前 PPP 模式最发达的国家之一。

PPP 起源于 17 世纪的英国，也高度成熟于英国。20 世纪 90 年代初，英国政府推出私人主动融资 PFI（Private Finance Initiative）模式[①]，标志着现代 PPP 模式的诞生，其主要是为了解决英国当时的

① PFI（Private Finance Initiative）是 20 世纪 90 年代初诞生于英国的一种项目融资模式，通常被称为“私人主动融资”“私人融资计划”或“私人资本融资”等，其含义是利用私有资金进行基础设施项目的开发与运营。它一改由政府负责提供基础设施开发、运营的传统，采取促进私人部门参与基础设施、公共产品和服务的全新方式，在一定程度上克服了传统基础设施建设中的高投入、低效率和资源高消耗等弊端。PFI 属于 PPP 的范畴，是 PPP 的一种类型，偏重于强调社会资金的主动介入。

城市公共管理的效率问题。英国利用PFI模式不仅建设和运营了地铁、桥梁、机场、电厂、水厂、污水与垃圾处理等基础设施项目，甚至利用这种模式建设和管理医院和监狱。

1997年7月，英国颁布实施《国家卫生服务法案》，使医院成为可与民间机构签订PFI协议的合格主体。同年12月，英国《地方政府契约法案》公布实施，地方政府获得与民间机构签订PFI协议的法定资格。

PFI模式在英国得到快速实施，英国政府也建立了完整的法律、政策、实施和监督框架，迅速积累了大量案例经验和研究成果。近年来，英国在教育、卫生、环保、交通等诸多领域大力推广PPP模式，建立起了一套完善的管理和评价制度。在大多数国家的PPP模式还只是集中于基础设施领域时，英国再次先行一步，PPP项目的触角已经向公共服务领域扩展，涉及公共秩序、娱乐文化、教育等。2005年以后，这种趋势更加明显。英国国内教育、卫生领域的PPP项目占比均超过50%。

## 一、英国医疗PPP项目简述

英国是发达国家中实施国家保障型医疗体制的代表，医疗保健费用70%以上由政府支出，服务主要由公立医院提供。英国国家卫生服务（National Health Service，简称“NHS”）体系呈金字塔形，由初级医疗卫生机构、地区医院、教学医院三级构成。随着时间推移,NHS内部浪费严重、效率低下、员工积极性低下等弊端慢慢显现，且公立医院基础设施普遍陈旧，需要大规模的更新或扩建。完全依赖国家财政投入的NHS逐渐不堪重负，陷入危机。为使地区公立医院能够满足居民医疗卫生需求，加速医院现代化建设，政府开始鼓励私营部门参与到医疗卫生服务体系中来。

英国政府从1992年开始探索利用PPP模式建设和运营公立医院。

1997 年，英国卫生部设立了私人融资司（PFU），启动私人融资计划，由私营机构投资建造公立医院，医院建筑物产权在特许期内归私人投资方所有。在这个期限内，医院每年向投资方支付一定的费用，特许期满后建筑物产权归属医院。投资方除投资建设外，在期限内还需负责建筑的维修保养和提供医院后勤辅助服务。

随着公立医院 PPP 项目实施取得初步成功及经验积累，英国政府又于 2000 年启动了旨在运用 PPP 模式解决初级卫生保健、社区医疗现代化建设的 LIFT（local improvement finance trust）计划。地方卫生经济部门、PFH（partnership for health）和私营机构合作伙伴作为股东，组成 LIFT 有限责任公司。公司的资产由公共部门和私营机构共同持有，LIFT 有限责任公司承建、更新、运营、维护并经营初级医疗机构建筑物，并拥有这些建筑物的所有权，私营机构可提供物业管理、零售业务等服务，并为初级医疗基金创造额外收入，但不包括核心业务——医疗卫生服务。建筑物出租给医疗卫生服务人员，如全科医生、基层护理人员、地方政府社会服务人员、牙医、药剂师等，并收取租金。

专业人士指出，英国拥有 PPP 项目合作的丰富经验，英国应用于健康医疗行业 PPP 项目是最佳的参考案例。英国医疗系统成功实施的 130 个以上项目都是 PPP 项目，项目总资产达到 120 亿英镑，其中包括重病医疗、初级医疗、社区医疗和精神健康医疗项目等。比如，伦敦圣巴塞洛缪皇家医院项目是英国历史上最大的单体 PPP 医院项目，资金达到 110 亿英镑，所覆盖的居民家庭医疗服务达到 280 亿英镑。

公开数据显示，从 1997 年到 2006 年，87% 的英国医院项目通过 PFI 交付使用。截止到 2009 年 4 月，英国共有 76 家医院采取 PFI 运营。

## 二、英国医疗 PPP 典型案例

在长达数十年的时间里，英国产生了多个医疗 PPP 项目。

下面，我们简要介绍一下英国建设的第一个医院 PPP 项目 Derant Valley 医院。

公开资料显示，英国 Derant Valley 医院是一所现代化的医院，共有 3 层建筑，具备各种医疗条件、配备必要的设施并提供必要的医疗服务。

随着老年人的不断增加，在达塔福德每年有近 20 万病人需要护理。格雷夫斯的 3 个陈旧和过时医院——Joyce Green、West Hill and Gravesend 和 North Kent，已经不能满足人们的需求或提供必要的服务。

1995 年，达塔福德和格雷夫斯国家卫生部信托基金会 (DGNHST) 考虑兴建一座新的、先进的医院来取代旧的医院以给民众提供更好的医疗服务。该基金会于 1995 年进行了可行性研究，明确指出 PFI/PPP 模式是一个现实的方案。本方案最基本的要求就是为医护人员提供最佳的环境以利于他们用更多的时间照顾病人。英国国家卫生部对基金会编制的整个商务方案进行了 6 个月的评估后批准，由科瑞林建设公司和科瑞林服务公司组成的联营体德莱斯有限公司脱颖而出成为首选中标者。

德莱斯有限公司负责 Derant Valley 医院的设计、建造、融资和运营 (DBFO)。科瑞林建设公司负责新医院的设计和建设，而科瑞林服务公司及其分包商负责提供相应的服务支持。项目建成后，基金会 (DGNHST) 向德莱斯有限公司租用医院建筑，购买配套服务（如餐饮、保洁和保安服务）。国家卫生部 (NHS) 从公共部门抽调、聘用医生和辅助医务人员，与来自私营机构的设施管理公司一起工作。

Darent Valley 医院于 2000 年 9 月开业，共有 419 个床位，可为住院病人和非住院病人提供医疗护理。从 2001 年起，每年的预算约 8000 万英镑。该医院雇用了 1500 名医生和辅助医务人员，签订了

28 年的运营和服务合同。

## 三、英国医疗 PPP 成功经验

英国医疗 PPP 项目采购、合同管理、运营管理非常成熟。对于英国医疗 PPP 的成功经验，业内人士分析指出：一是按 PPP 模式成立全国范围内的融资机构，能更专业地指导和统筹全国范围的 PPP 模式的创新和设立，发展长期稳定的公私合作关系；二是通过各类协议，使得多层 PPP 模式有机结合，能吸纳更多的公共部门和私营机构参与其中；三是在成立合营机构时，尽管公共部门只占小股，却通过行政手段签订各类协议，确保其有能力代表公共利益，要求合营机构提供符合公共需求的建设和服务，实现其社会效益。

需要指出的是，英国医疗 PPP 项目中，政府部门与私营机构的合作主要集中在医疗机构基础设施建设方面。通过引进私营资本，政府有效地缓解了财政压力；同时，改善了医院的基础设施和硬件设备，满足了居民的医疗保障需求。私营机构的投资获益主要是收取建筑租金、管理费以及辅助性服务收费等，但医疗卫生这一核心服务仍然由公立医院提供。对比我国目前推进的医疗 PPP 项目，在政府出资占股比例、项目公司负责的内容和盈利模式方面，我国医疗 PPP 项目与英国医疗 PPP 项目有很多的相似之处。这充分说明，我国可以结合自身实际，参考借鉴英国的先进经验。

# 借鉴国外医养结合模式

医养结合是老龄化国家针对老年公共服务中医疗服务和社会照护间“双轨制”而进行资源整合的一套方法和工具。国外许多国家，尤其是发达国家比我国更早进入老龄化社会，经过长期的探索，形成了符合自己国家特色且比较成熟的医养结合模式，诸多方面值得我国借鉴。

## 一、美国医养结合模式

数据显示，2014 年，美国 65 岁以上老年人占总人口的比例为 12.5%，预计到 2030 年，这一比例将达到 19%，到 2050 年，这一比例 将达到 20.7%。因此，美国的医养结合养老需求增长迅速。

1986 年，美国正式建立了“综合性老人健康护理计划”，为达到入住护理院标准的社区老年人口提供全方位的医疗和照护服务，包括急性照护服务、看护服务、初级医疗照护、住院治疗、护理院照护等以及预防性的、恢复性的、治愈性的和护理性的服务。

随着老龄化的加剧，美国专业医疗型的养老机构难以维持，再加上人们向往社区生活，美国的养老模式开始向以社区养老为主转变，最主要的养老模式有两种：一种是老年人全包服务项目模式，另一种是老年人居家养老模式。

老年人全包服务项目模式是政府为老年人提供全面医疗照顾，尤其是为体弱多病的老年人提供长期照顾的一个创新项目，适合失能程度较为严重、患有重大疾病的老年人。服务内容为：一是提供饭食、个人照料服务及医疗费用、厨房药费、必要时进养护院的费用；二是提供社会服务；三是提供对不适宜养老的老人住房进行整修的费用。

老年人居家养老模式则是一种可以让老年人在家中享受到便捷生活和医疗照护服务的老年人长期照护制度，适合较年轻的、失能程度较轻的老年人。服务内容为每天一次的热餐供应以及其他支持性服务，但不能与既有的可支付的养老服务重叠。

美国养老社区主要分为 4 种类型：一是生活自理型社区，二是生活协助型社区，三是特殊护理社区，四是持续护理退休社区，且社区与医院和专业护理机构均有紧密合作。

## 二、英国医养结合模式

自 20 世纪 70 年代以来，英国政府就致力于改变医疗服务与社会照护服务“双轨制”的状况，以适应人口老龄化的社会需求。

英国政府在提供医疗服务和老年照护服务上扮演了关键角色，它将这两项服务的管理与供给分别委托给国民健康服务部门和地方政府个人社会服务部门两个独立的机构。由于两个部门在筹资和运营方式的不同，形成了医疗服务和养老照护服务的分割供给态势。

这种医养分离的服务模式不仅难以适应人口老龄化的社会需求，而且也产生了成本上升、服务质量低下等问题。基于此，英国政府一直努力试图从不同角度、不同方式入手来缩小两项服务之间的鸿沟，尽可能实现两种服务之间的无缝衔接，促进“医养结合”。一是机构重组，通过机构重组以再次调整、明确机构职责，促进健康和社会服务部门间的协作，以促进部门之间的更好合作；二是建立“医养结合”的相关法律制度，以保障健康服务与社会照护服务之间的整合；三是医养结合筹资政策调整，提供一系列服务，包括初级保健（如快速反应团队），二级护理（如强化康复）或社会护理（如一体化家庭护理团队）等，安排不需要急诊服务的老年人提前离院，以减少不必要的住院等。

## 三、德国医养结合模式

德国是世界上第一个立法实施社会保障制度的国家。

德国在 1995 年颁布了《长期照护保险》，鼓励居家养老。德国需护理的老人约 230 万人，其中 150 万人以居家养老为主，80 万人选择机构养老。

德国共有 1.24 万家养老机构（养老院），54% 为慈善组织所办，40% 为私人养老院，其余为公立养老院。预计到 2030 年，德国 60 岁以上老人将达到 2850 万人。

随着老龄化进程加快，老年人照护需求日益急迫。而长期照护问题除了财政压力外还有照护人员的缺失。对此，德国最有特色的是通过“储蓄时间”计划获得社区养老及居家养老的上门护理时间。政府规定：凡是在德国年满 18 周岁的公民可以通过培训，申请对老年人提供无偿的照料服务，这种照料时间的累积由社区及相关机构进行记录，将用于未来个人的照料服务时间积累。

## 四、日本医养结合模式

日本建立了完善的医养结合服务体系和相关保险制度，为老年人提供完善的服务，提高老年人口的消费能力。日本有 90% 需要护理的老年人口以居家或社区养老为主。

日本政府对居家和社区养老服务项目规定得非常详细，包括日常护理、洗浴、康复、营养指导、医疗门诊、短期入院、住宅改装、夜间上门护理、痴呆症日托护理、小规模多功能型居家护理、短期托老服务等。

日本政府于 2000 年正式开始实施《介护保险法》，介护服务涵盖日常照护、医疗、康复和保健等服务项目，这些服务内容均可以享受介护保险。保险资金主要来自政府、用人单位和参保人。被保险人在 65 岁以后提出申请，经护理认定审查会确认就可以接受介护保险服务。在介护费用的支出上，被保险人只需要承担 10% 的费用，其余由政府和保险公司负担。

## 五、国外医养结合模式对我国的启示

研究发达国家医养结合模式，有许多值得我国借鉴的地方。我国老龄化进程不断加快，需要吸取有益的经验，克服“医”“养”分割状态，建立起充满活力的、可持续的医养结合体系。

### （一）在体系建构与制度设计中嵌入整合理念

从行政管理的角度看，我国医疗卫生和养老服务分属卫生和民政两个部门，客观上造成医养分离。如果继续维持现有的制度设计框架，不足以应对未来的老龄化风险。因此，急需一套科学的医疗养老框架体系。英国“医养结合”改革的内容之一便是在健康部门和照料部门之间有效联合，提高医疗和养老资源的利用率。我国在制度设计中应有效地将医疗服务与养老服务相结合。

### （二）大力推广社区医疗与居家养老

从美国、英国等发达国家的医养结合来看，社区养老与居家养老是其显著的特点。如英国“医养结合”内容中，充分发挥社区和家庭的关键性作用。当老年人出现健康问题，首先通过社区中的全科医生进行初步诊断，决定其是否前往专科医院或综合医院接受诊疗，既减少成本，又尽量不占用床位，实现护理服务之间的有效衔接。显然，我国也可结合自身特色借鉴这一先进模式：一方面，我国是个熟人社会，传统文化理念使得老年人“机构养老”的意愿不强；另一方面，在我国传统“孝”文化及“养儿防老”的传统家庭养老模式影响下，大部分老年人倾向于居家养老；再则，社区养老与居家养老大大减轻了老人的经济负担，这一点也符合当下我国的经济发展实际情况。因此，建议加大对社区卫生服务的建设与财政支持力度，发挥社区方便人们咨询就医的优势，使社区和家庭承担更多的医疗与养老责任。

总的来说，我国可以借鉴发达国家社区养老、居家养老的经验，实行家庭养老与社区居家养老相结合的模式，通过社区医院满足老年人的基本医疗需求，实现家庭养老的“医养结合”。

### （三）创新筹资模式

医疗与养老属于社会公益性事业，资金来源是一个重要的问题。从发达国家的实践来看，养老服务所需的资金大部分来源于保险和政府财政拨款，只有极少部分是个人缴纳。此外，还有一些社会救助和福利组织提供养老和医疗的社会化服务。

就我国而言，无论是经济发展程度还是医疗养老保障体系，都与发达国家存在着较大的差距：一是人均收入较低，多数老年人的收入不高；二是医疗养老体系还不健全。面对医疗与养老所需要的高额的资金，需要我国创新筹资模式，大力发展医疗养老事业。

首先，需要加大政府的财政投资力度。如上所述，医疗与养老属于社会公益性责任，政府有责任承担这项义务，需要加大财政投资力度，不断提高人民群众的医疗与养老质量。

其次，动用社会力量，鼓励各类社会资本参与到“医养结合”机构投资、建设与运营当中，提高“医养结合”相关服务。

再次，将医疗与养老纳入医疗保险体系和养老保险体系，建立政府和个人共付的筹资模式，强调养老的可支付性、可持续性及公平性。以日本为例，日本的护理保险费用由使用者承担 10%，其余部分由政府和保险公司负担。其中，政府负担的比例为中央财政 25%、都道府县地方财政 12.5%、市町村财政 12.5%。

**（四）建立完整的法律体系**

多数发达国家都对老年人的养老和健康等权益在法律上给予了明确的保障。通过制定法律法规，老年人得到了福利、医疗保健、保险等方面强有力的制度保证和法律支持。

根据各国立法先行的原则，德国和日本的养老模式拥有完备的法律制度。德国是世界上第一个通过制定法律实现社会保障的国家。1938 年，德国颁布了《护理法》。1963 年，日本政府制定了《老人福利法》，几年后颁布了《老年人保健法》《高龄老人保健福利推进 10 年战略计划》《护理保险法》等。美国除了有联邦政府的相关法律、政策支撑外，各州还根据老龄化程度制定了相关政策。因此，我国需要建立健全医疗与养老领域的法律、法规和政策性文件，在保险领域增加对养老照护方面的相关险种，从而形成具有中国特色的、完善的“医养结合”社会保障法律体系。

**（五）培养专门的医护人员**

医疗与养老领域专业人才不足和照护人员不足是我国的现实问题。那么，发达国家又是如何培养专门的医护人员的呢？我们又从中可以得到哪些启示呢？

众所周知，老年人的养老护理不同于单纯的照顾起居、诊疗，需要专门的医护人员。

发达国家在“医养结合”养老模式建设中，不断加强医疗养老专业人才的培养，健全人才培养体系，形成人才培养机制。例如，德国为培养专业护理人员设立了老年护理培训学校。1987 年，日本国会通过了《社会福利师和介护福利士法》。在日本 65 岁居家养老的老人中，有 66.7% 的女性和 44.8% 的男性接受拥有专业资格证书的家访护理员或看护师的服务，接受家政保姆服务的老年人口则比较少。在澳大利亚，养老护理行业从 1940 年开始兴起。澳大利亚的养老护理和养老护士分为三级，分别是养老护理助手（6 周至 8 周培训）、登记养老护士（12 个月至 18 个月的学习）、注册养老护士（大学 3 年学习）。另外，在澳大利亚，高级养老护理人员还需要进行各类专职护士培训，包括全科护士、临床护士、精神卫生护士、老年保健护士和心理治疗护士等。

# 附　录

## 导 读

# 某养老社会福利中心委托运营管理（PPP）合同

某养老社会福利中心位于某市，总占地面积 ×× 万平方米，建筑面积 × 万平方米，建设资金 × 亿元，购置设备设施 ×××× 万元，共计投资 × 亿元。设计养老床位 ×××× 张，内设两个功能区（失能区 ×××× 张床位，高龄区 ×××× 张床位），设有双人间、三人间等，各房间按需要配有独立卫生间、紧急呼叫系统、集团电话系统、有线电视系统、雾化消毒系统。3 至 6 层设有氧气及吸痰系统等生活医疗保障设施。配有集中空调系统、新风系统、地采暖系统、无障碍通道、厨房餐厅、安保监控系统等公共服务设施；配有医务室、医用电梯等医疗设施；配有阅览室、棋牌室、书画室等室内文娱设施；2 至 9 层配有多功能层活动厅，配有 ×××× 平方米的多功能厅用于老人室内活动；设有屋顶花园和院区活动场地。下面是该养老社会福利中心的委托运营管理（PPP）合同。

## 一、合同签署主体

实施机构（甲方）：某市民政局

中标社会资本方（乙方）：某民办社会服务机构

## 二、签约背景及签约目的

为贯彻落实《国务院办公厅转发财政部、发展改革委、人民银行关于在公共服务领域推广政府和社会资本合作模式指导意见的通知》《国务院关于加快发展养老服务业的若干意见》等文件精神，适应养老机构改革发展趋势，通过社会化运作，为探索采用 PPP 模式经营管理养老机构、创建养老服务品牌奠定良好基础。

根据《中华人民共和国合同法》及相关法律法规，遵循平等、自愿和诚实守信的原则，甲、乙双方就某养老社会福利中心委托经营管理相关事项，经友好协商，达成合同如下，以资共同遵循。

## 三、定义

### （一）风险保障金

风险保障金由运营方以押金形式向所有权方一次性缴纳，原则上不低于该机构国有固定资产投资（包括设施建设安装费、勘察设计费、大额设备购置费等）的 ×%，风险保障金主要用于运营方造成的设施设备异常损坏的赔偿、运营方异常退出的风险化解等。合同期限内，出现上述异常情况的，所有权方履行相应财务手续后，有权从风险保障金中扣除相应数额。合同期满后，未出现上述异常情况将予以全额退还。

### （二）机构管理发展资金

机构管理发展资金由运营方逐年专项留存并专款管理及核算，原则上每年不低于国有固定资产投资的 2%，运营初期可适当减免或少量留存，发展期逐步递增，稳定期应相对固定留存。机构管理发展资金主要用于本养老机构建设发展、设施设备大修以及区域内养老机构的建设统筹，合同期满后，剩余不予退还，继续用于本养老机构的再发展。

**（三）管理费**

管理费是指某养老社会福利中心运营获得一定利润且通过第三方监督评估机构综合评分在 × 分以上的情况下，向运营机构奖励前期总投入额 ×% 的管理费。

**（四）绩效奖励**

本项目中绩效奖励是指除去运营机构获得的管理费之外，仍有盈余部分以绩效奖励并按一定比例的利润方式回报给运营机构。

**（五）实施机构**

合同中所指“实施机构”指“某市民政局”。

**（六）运营机构**

合同中所指“运营机构”指社会投资人注册成立的民办社会服务机构。

**（七）第三方监督评估机构**

合同中所指“第三方监督评估机构”是指实施机构聘请的专业评估机构，主要负责根据监督评估标准对运营机构进行日常监督和定期考核评分，分数决定实施机构向运营机构奖励的管理费比例。

## 四、项目范围

某养老社会福利中心的运营管理交由某社会资本按照 PPP 运营管理模式中的特许经营方式进行运营管理。某养老社会福利中心 PPP 运营实施提供的服务包括院区建筑及服务设施使用和维护管理及承担政府面向城市特困、农村五保、城市低收入、高龄、失能、失智、孤寡老人提供的养老服务保障，承担本行政区域内养老机构的示范引领、功能试验、专业培训、品牌推广的职能，提供创新自营“管制型”的社会化“医养结合”医疗、护理、康复等养老增值服务等。

## 五、项目合作期限

乙方受托经营管理某养老社会福利中心的期限为 ×× 年，自 ×××× 年 ×× 月 ×× 日至 ×××× 年 ×× 月 ×× 日。若乙方运营成绩显著或满意度较高，期满后可继续签订续约合同；若乙方在运营期间出现违法、违约现象，甲方有权提前 90 天书面通知乙方终止合同。

## 六、投资结构

项目建设前期主要由政府负责，已完成建筑主体、设备设施、屋顶花园、消毒雾化、内部装修、养老床位、医疗文娱功能区、氧气吸痰系统等的投资共计 × 亿元（现资产评估价值约 × 亿元）。正式运营前，还需要运营机构负责居家用品、办公家具、电子设备、功能设备及消防、软件系统、车辆购置、社会服务组织注册资金等的投入共计约 ×××× 万元；同时，还有保障运营的人员聘用、日常花销等流动资金共计约 ×××× 万元。

## 七、前提条件

### （一）资产所有权交割

某养老社会福利中心的建设用地、地上地下建筑产权和室内外设施设备等资产属于国有，由乙方使用、维护和管理，设备的大修或更新以国家标准或厂家规定的使用年限为准。

某养老社会福利中心的建筑空间、场地和各类设施设备等（含医疗设施）只能用于养老服务和医疗服务或与养老服务相关的项目，不得改变用途。

某养老社会福利中心资产移交前，甲方聘请专业会计师事务所对资产进行评估，资产权属管理部门按照固定资产账册要求编制分类资产清单一式三份，由甲方和乙方按照清单共同清点核查无误，并盖章确认后移交。

未经甲方同意及政府规划部门批准，乙方在经营管理期间不得改变建筑物主体结构，不得私自搭建违章建筑。

乙方在经营管理期间为改善服务条件所投入的消防安保、医疗康复、绿化景观、照料服务和办公信息化等各类设施设备，必须单独建立固定资产账册列入固定资产管理。本合同到期或终止时，乙方在运营期间出资更新的各类设施设备归甲方所有。

甲、乙双方每年 ×× 月份以固定资产账务清查和固定资产实物盘点相结合的方式清查一次固定资产，清查时间为 × 个工作日，共同确认清查结果，以确保国有资产的完整有效。合同到期或终止时需要对固定资产进行清点，出现损坏、不能正常使用的需修复；遗失或报废的需赔偿满足同等技术条件的设备。

乙方应认真管理和使用固定资产，所用固定资产按照国家有关规定进行折旧或报废，正常报废后的固定资产由乙方自行购置更新，乙方无权处置固定资产（含已报废）。

**（二）机构设立**

乙方可申请民办非企业单位登记，设立社会服务组织运营某养老社会福利中心，享受政府针对非营利机构的床位补贴等优惠政策。乙方也可采用公司盈利化运营，但不能享受政府床位补贴等优惠政策，且要保证政府的保障职能和体现普惠型养老机构公益性的收费，其收费标准需报管理部门审批。

**（三）获得审批**

实施PPP项目需要履行相关行政审批程序，只有获得相应的批准或备案，才能保证PPP项目的合法、合规实施，甲方有义务协助乙方完成正式运营前的审批手续。

**（四）项目实施相关的其他主要合同已经签订**

乙方已根据合同中有关规定签订其他主要分包合同，并且向甲方提交了有关合同的复印件。

**（五）其他前提条件**

招标文件和合同约定的其他前提条件已满足。

## 八、未满足前提条件的后果

**（一）合同终止**

如果双方约定的上述任一前提条件在规定的时间内未满足，并且另一合同方也未同意豁免或延长期限，则该合同方有权终止项目合同。

**（二）合同终止的效力和后果**

1. 权利义务终止

如果由于未满足前提条件而导致合同终止，除合同中明确规定的在合同终止后仍属有效的条款外，其他权利义务将终止。

2. 经济赔偿

如因合同一方未能在规定的时间内满足其应当满足的前提条件而导致合同终止的，合同另一方有权向其主张一定的经济赔偿，但经济赔偿的额度应当与合同另一方因此所遭受的损失相匹配，并符合我国合同法关于损害赔偿的规定。

3. 提取保函或扣除风险保障金

如运营机构未能按照约定的时间和要求达成前提条件，且实施机构未同意豁免该前提条件时，实施机构有权提取保函项下的金额或扣除风险保障金。

## 九、运营期间的权利义务

### （一）项目运营内容

项目运营内容为接纳老年人入住养老，提供物业管理、餐饮、医疗、保健、文体娱乐及其他养老服务等，包括但不限于以下各项。

1. 接纳不少于总床位 ×% 的政府基本养老服务保障对象入住本机构。

2. 为机构内老年人提供养老、医疗护理和善后的全过程养老服务。

3. 室内外活动设施的维护保养及管理。

4. 院内的交通、车辆行驶和停泊。

5. 院内建筑、结构、给排水、采暖、燃气、通风空调、电气、消防等设施设备的维护和管理。

6. 水、电、燃气，院内道路、绿化等市政公用设施及室外工程项目的维护和管理。

7. 氧气系统、负压系统、消毒雾化系统的维护、维修和管理。

8. 其他与乙方受托经营管理有关的事务。

### （二）甲方的权利义务

甲方是某养老社会福利中心的土地、建筑、设备设施的产权所有人，拥有对资产的绝对控制权；拥有对运营机构的监督管理权。甲方有义务对乙方提供政策支持，协助办理运营前的相关手续，提供必要的文件印章使用，设备设施大修费用超出机构发展管理基金剩余额度以上的申请财政支持，等等。

1. 甲方有权督导乙方在经营管理期间预留 ×% 的床位用于承担政府保障职能，严格定位收养对象，控制收住比例。收住政府保障对象，需要由甲方确定后乙方方可接收入住。如乙方未按比例接收基本养老服务保障对象，甲方有权督促乙方立即调整收住比例，确保公建养老机构的基本职能。乙方拒绝按照收住比例接收基本养老服务保障对象时，甲方有权解除合同。

2. 甲方有权按照经营管理监管范围和财务监管范围，对运营期间的国有资产安全管理、履行公益职能的效果、服务项目增减、老人入住变动、老人健康评估、社工活动开展、医护服务质量、公共服务安全、管理人员变化、服务人员配备和统计信息采集等实施监管。

甲方负责对乙方经营管理期间与养老床位和服务等收费相关的财务收支状况、收费标准调整、老人入院押金管理等进行监管。甲方负责每年 ×× 月 ×× 日至 ×× 日委托专业会计师事务所对乙方经营管理期间固定资产维护情况、运营财务状况和老人入住押金专门账户、管理发展资金等实施监管核查审计，并委托第三方监督评估机构根据服务内容、服务标准、评估标准和评估办法对养老机构服务管理实施绩效考核和督导评价，反馈评价意见并提出改进措施。评估结果决定乙方取得管理费的比例、享受床位费补贴的比例以及是否继续运行该机构的事宜。

3. 甲方有权利连接共享某养老社会福利中心的信息管理系统终端、采集运营管理系统、财务管理系统等系统中的内容，并有权利使用其中的数据、图像等相关信息。

4. 甲方协调乙方依据《某市养老机构“公建民营”实施办法》商定接收基本养老服务保障对象服务中的床位费、护理费收费标准。接受社会老人的收费标准，乙方需要报甲方审批并备案后方可实施。

5. 甲方有义务协助乙方办理经营管理某养老社会福利中心所必需的资质文件（包括机构代码证书、设立登记许可证书、税务登记证书等开业必备证照），协助乙方做好开业前准备工作。

6. 甲方有义务向乙方提供养老服务政策法规及行政管理信息。

7. 甲方有义务对乙方制定或调整的养老床位和服务收费标准进行核实，并向上级主管部门报备。

8. 甲方应及时受理乙方提出的设备设施更新要求，启动审批程序，保证机构正常运转，对直接影响机构运行的事件宜特事特办，确保不影响入住对象的生活。

9. 本合同生效前，某养老社会福利中心所发生的各类费用和债权债务、经济等法律责任由甲方承担，与乙方无关。

**（三）乙方的权利义务**

乙方在合法的范围内拥有独立运营某养老社会福利中心的权力，拥有独立的财务、人事权；同时，乙方有义务承担社会保障职责、普惠型养老机构平抑物价的职责及品牌推广、人才培训、接待参观指导等职责，接受甲方、第三方和会计师事务所的监督管理，承担某养老社会福利中心运营期间发生一切的法律、经济、安全、养老服务、医疗等方面的全部责任。

1. 乙方依照本合同，并根据财产交接清单接收某养老社会福利中心的地上地下建筑设施、室内外设施设备等资产，有权按照PPP运营管理模式独立开展养老服务经营管理和使用交接的全部资产，以乙方的资产及收入支付经营管理期间所发生的全部经营管理费用。

2. 在承担政府职能的前提下，享受床位补贴等政府的优惠政策。

3. 按照《某市公办养老机构收费管理暂行办法》第 × 条规定，接收基本养老服务保障对象以外的老年人，收费标准实行市场调节价，收费标准报甲方批准报备后实施。

4. 有义务承担 ×% 的基本养老服务保障对象在政府保障资金之外的所有费用，完成收养保障工作。

5. 乙方在接管运营某养老社会福利中心前必须按约定时间与甲

方进行建筑物、固定资产、设备设施的交接，安排专职人员接管，建立固定资产台账，做好开业筹备工作，确保按期开业。合同到期或提前退出运营管理，乙方应在保证上述资产完好和不流失前提下，与甲方按时完成移交工作。

6. 受托独立运营管理期间，乙方接受甲方按照经营管理监管范围和财务监管范围对某养老社会福利中心的财务账目收支状况和资金流向实施监管、审计及绩效考核，并接受甲方服务技术指导和服务质量定期督导评价。

7. 乙方在受托经营管理期间必须严格按照区属事业单位固定资产管理规定使用、管理、更新和报废固定资产。乙方依照设施设备使用的实际情况投入维修维保资金，及时维护维修和更新消防安保、医疗康复、绿化景观、照护服务和办公信息化等各类服务设施设备，确保各类设施设备完好和正常运行。

8. 受托独立经营管理期间，乙方必须严格遵守国家和某市养老服务和医疗服务相关政策法规，公开举报投诉监督方式，接受属地民政部门和社会各界以及入住老人的监督，有效解决各种矛盾、纠纷、诉求和服务质量投诉并承担法律责任及管理责任。

9. 乙方在独立经营管理期间，必须严格执行各类安全管理和服务操作规范，预防公共安全和业务安全事故发生，保证经营管理场所符合安保消防、卫生食品等安全要求，落实各类突发事件应急处置预案和安全管理主体责任，并承担经营管理期间所发生的一切经济和法律责任。

10. 乙方必须采取有效措施控制老年人意外伤害发生，必须落实养老机构综合责任保险和入住老人个人险的投保工作，投保数不低于实际入住老人数，确保老年人的合法权益。

11. 乙方应保障职工的合理工资待遇，按照国家规定为职工上五险一金；应定期分别落实管理人员和服务人员的业务知识和技能培训，努力提升服务品质和质量水平，保障入住老人获得优质服务，年度综合满意率不低于 ××%。

12. 乙方必须保持养老机构（含医疗机构）的用途，不得利用养老服务和医疗机构从事与养老、医疗服务无关的生产、销售、经营违禁品等违规违法活动，不得将养老机构和服务设施转包、设定担保和抵押、出售（包括由乙方投资购置的各类设施设备）。由此引起的一切经济和法律等责任由乙方承担，并按照约定承担违约责任。

13. 老人入住某养老社会福利中心所交纳的入住押金设立专门账户管理，专门账户内的资金由甲、乙双方共同监管使用并接受每年的审计，不得将入住押金转出财务账目，不得用于老人养老之外的投资，由此引起的一切经济和法律等责任由乙方承担。

14. 乙方根据民政部第 49 号令《养老机构管理办法》的规定，在每年 ×× 月 ×× 日前向甲方和属地主管民政部门提交上一年度工作报告，内容包括：工作人员情况、各类资质情况、服务范围情况、服务质量情况、运营管理情况等。同时，乙方必须通过信息管理系统于每月 × 日前向甲方上传资产管理使用、财务收支状况、收费标准调整、老人入院押金、服务项目增减、老人入住变动、老人健康评估、医护服务质量、公共业务安全、管理人员变化、服务人员配备等各类用于统计的相关信息，并按规定填报报表。

15. 乙方建立某养老社会福利中心管理办法、推行服务业标准化体系管理，并在 × 年内达到 × 星级或 × 星级以上养老服务机构标准。如乙方未按期达到上述要求，甲方有权督促乙方按期整改，并给予 × 万元和扣减床位补贴费的处罚，整改 × 年仍不能达到 × 星级标准的，甲方有权解除合同。

16. 建设符合某养老社会福利中心自身特点的独有行业文化，充分展示区属公建民营养老机构的行业文化特点。

17. 乙方对外宣传必须事先征得甲方同意。

18. 乙方应在某养老社会福利中心建立和完善管理风险预警系统，制定管理风险预警系统实施细则，制定妥善处理管理风险的预案。

19. 乙方经营管理某养老社会福利中心期间，除经营管理某养老社会福利中心外，不得使用“某养老社会福利中心”的品牌从事与养老行业无关的活动。

20. 乙方与入住老年人签订《入住养老服务协议》及相关附件、补充协议、更新信息等材料，签订后 7 个工作日内乙方将扫描件（电子版）提交甲方备案。同时，按照所签相关协议等提供管理和服务，并承担经营管理活动产生的全部责任。

21. 本合同生效之日起，至本合同期满或终止前，乙方受托经营管理某养老社会福利中心所发生的各类费用和债权债务及其他法律责任由乙方承担，乙方无法承担的由乙方的母公司负责承担，与甲方无关。

22. 乙方在本项目设立新经营管理机构（民办非企业单位），新成立的经营管理机构等同于乙方。即新成立的经营管理机构享有乙方的权利；同时，承担乙方的责任义务。乙方对新设立的经营管理机构应承担连带责任。

**十、相关费用**

1. 本合同签订后，根据《某市养老机构“公建民营”实施办法》第 × 条的规定，乙方向甲方一次性缴纳风险保障金 ×××× 万元，主要用于乙方在运营过程中造成的设施设备异常损坏的赔偿，以及出现经营不善或发生违规经营状况时的风险保障金和违约金。如因上述原因致使风险保障金发生扣减，乙方应及时补足。风险保障金在委托合同期满或在委托经营管理关系提前终止后，扣除经营管理期间已发生的经济损失和违约金后全额无息退还乙方。

2. 本合同生效后，无论乙方经营状况如何，乙方于受托经营管

理的第 × 年开始，每年 × 月 × 日前向甲方缴纳本年度机构管理发展资金，具体办法如下：

（1）委托经营管理的第一年，乙方免于向甲方缴纳机构管理发展资金。

（2）受托经营管理的第二年，根据《某市养老机构“公建民营”实施办法》第 × 条的规定，乙方向甲方缴纳机构管理发展资金 ××× 万元。

3. 本合同生效后，乙方负责设施设备的日常维护和管理，保持硬件设施设备的完好率。国有固定资产投资的设施设备需要大修或更新时，经双方协商可申请机构管理发展资金实施，管理发展资金不足部分可由甲方申请财政资金补贴。各类服务设施设备非正常损毁报废时，由乙方出资按照原型号规格修复或更换；没有原型号规格设备的，按照高于原型号规格的设备进行更换。

合同期满后的国有资产以及乙方投资更新、改造、购置的设施设备在与所有权方协商的基础上，相应折抵机构管理发展资金，但产权归甲方所有。

## 十一、合同期满

1. 本合同有效期届满自动失效，甲、乙双方的权利和义务履行完毕。

2. 乙方在本合同有效期届满前一年内，如有继续经营管理某养老社会福利中心意愿，应向甲方提出书面申请。在乙方组织机构运营和信誉良好的前提下，甲方如无特殊理由，乙方可优先与甲方共同协商补充完善相关条款后续签订委托经营管理合同。

3. 本合同有效期届满，乙方不再承接经营管理时，必须按照平稳过渡相关措施落实移交，确保某养老社会福利中心的正常经营管理。

## 十二、合同的变更、解除或终止

1. 本合同生效后即对双方具有法律约束力，甲、乙双方均不得随意变更或解除。确需变更合同的，一方必须提前 × 日；确须解除合同的，一方必须提前 × 日正式书面向对方提出请求，双方未达成一致意见并形成新的合同前应履行原有合同。如需签订补充协议，补充协议与原合同具有同等法律效力。

2. 本合同履行期间若遇国家政策调整或遇不可抗力等因素造成无法继续履行的，经甲、乙双方协商一致，可以变更、解除或者终止本合同，损失由双方各自承担，互不承担违约或赔偿责任。

## 十三、退出机制

乙方出现以下禁止行为，合同随即失效，甲方收回某养老社会福利中心运营权，并确定扣除风险保障金数额。禁止行为包括：虐待老人、财务造假等。

乙方出现以下禁止行为，第三方监督评估机构在综合评分时扣除相应分值，责令整改，甲方确定扣除风险保障金数额。禁止行为包括：关联交易、虚报补贴床位、虚报运营成本、虚报采集数据、瞒报供应商合同等。乙方拒不整改或再次出现以上行为，合同随即失效，甲方收回某养老社会福利中心运营权。

依据本合同规定解除合同时，甲、乙任何一方应在合同终止 × 日前向对方提交终止合同书面报告，乙方必须无条件将某养老社会福利中心资产移交给甲方，并按照平稳过渡措施方案妥善安置入住老人，经甲、乙双方确认无异议后 × 天内在甲方的监管下与新的运营机构办理移交手续并完成撤离工作。

## 十四、价格调整机制

某养老社会福利中心入住费用标准调价由联席会会议商定，×%的市场化床位收费和增值服务收费价格原则上由运营机构根据市场行情和经营利润情况报价，由民政局审批；×%的床位费和床位补贴费用由实施机构定价，运营机构严格按照实施机构定价收取。原则上 × 年议价一次，通过联席会会议调整和确定全部床位、增值服务等的收费价格。

## 十五、违约责任

1. 甲、乙任何一方未能有效履行本合同约定条款导致某养老社会福利中心无法正常经营管理且使对方受到经济损失的，视同责任方违约，另一方有权解除本合同，造成的损失由责任方承担。

2. 甲、乙任何一方没有法定或约定的理由，单方提出解除本合同的，另一方有权要求赔偿损失。

3. 乙方在履行本合同期间发生下列情形之一行为时，甲方有权无条件解除本合同并要求乙方赔偿损失、扣除履约保证金或支付违约金。

（1）发现改变养老设施用途和利用某养老社会福利中心场所从事非法活动，或违规超范围经营或损害公共利益或违反本合同。

（2）由乙方经营管理期间引发服务诉求矛盾、服务纠纷责任和服务质量投诉且造成一定社会影响的，必须承担相关管理、经济和法律责任，并按照规定期限落实、解决、整改，同时视严重程度支付 ××× 万元违约金。若整改仍达不到要求的，若造成重大社会影响且不能有效解决的，由乙方承担全部管理、经济及法律责任，甲方可以解除本合同。

（3）私自搭建违章建筑或改变建筑结构影响建筑安全和服务功

能时，乙方必须无条件按甲方规定限期恢复原貌及原功能，并承担所需资金。未按期恢复或无法恢复形成安全隐患的，乙方必须承担相关的经济和法律责任，依据安全危险程度乙方向甲方支付 ××× 万元至 ××× 万元的违约金；情节特别严重或拒绝恢复的，甲方可以解除本合同。

（4）不按设施设备维护维修期限投入维修维保资金造成设施设备损坏影响经营管理服务时，乙方必须无条件按甲方规定期限立即修复并承担所需资金。未按期完成修复影响经营管理服务的，乙方向甲方支付 ××× 万元违约金并接受甲方监督完成修复，或者甲方组织完成修复后由乙方支付修复费用；同时，乙方承担由此造成的损失及违约责任。乙方拒不修复且造成无法正常使用影响经营的，甲方可以解除本合同。

（5）乙方与收住老人不按规定签订《入住老人服务协议》并擅自以会员制的方式收取床位费和相关服务费，必须无条件立即纠正。拖延纠正的，乙方向甲方支付 ××× 万元违约金并接受甲方监督改正。拒不改正的，甲方可以解除本合同。

（6）因甲方原因造成乙方无法继续经营时，乙方有权解除合同，并根据联席会议定结果要求甲方给予经济赔偿，甲方向乙方退还扣除赔偿费用后的风险保障金和机构管理发展资金。

## 十六、合理回报与奖励

1. 乙方具备以下条件可以获得合理利润和奖励。乙方运营前投入某养老社会福利中心设备设施及装修改造总费用作为利润产生的基数，基数的 ×% 作为每年利润（运营后的投入可以累计，作为奖励基数）。

2. 乙方在养老服务、运营管理理念和方式有创新以及有突出贡献并获得市级以上荣誉的，并在经营管理方面产生利润的，按照成绩大小从利润中提取不同额度的奖金，奖金的申请由乙方发起，经甲方审核通过后实施。

（1）获得市级荣誉一次性奖励 × 万元。

（2）获得国家级荣誉一次性奖励 × 万元。

## 十七、争议解决

1. 本合同未尽事宜及履行期间双方发生争议时，双方通过友好协商签订补充协议解决。补充协议为本合同的组成部分，与本合同具有同等法律效力。

2. 协商不能解决的争议，双方可向某市仲裁委员会申请仲裁，或到所在地法院提出诉讼。仲裁或诉讼期间，双方有义务保持某养老社会福利中心正常经营管理现状不受影响。

## 十八、保险

运营期间由乙方负责为机构财产、人员投保，保险采取有效措施赔偿财产损失，控制老年人意外伤害发生。落实养老机构综合责任保险和入住老人个人险的投保工作，投保数不低于实际入住老人数，确保老年人的合法权益。

## 十九、合同生效

本合同一式二份，甲、乙双方各执一份，具有同等法律效力。本合同自双方法定代表人或授权代表签字、盖章之日起生效。

## 二十、合同附件

包括：

1. 某养老社会福利中心资产移交清单。

2. 乙方开业前投入的资产清单。

3. 甲方《监督评估标准》。

4. 乙方《经营管理承诺书》。

5. 乙方《委托经营管理费用承诺书》。

6. 乙方《安全管理责任承诺书》。

7.《入住人员健康评估表》《入住（收养）服务合同》《入住（收养）服务合同补充协议》《入住人员基本情况登记表》《入院体检记录》、老年人本人身份证复印件及户口簿本人页复印件、第一担保人身份证复印件、住院押金收据。

本合同附件是本合同的重要组成部分，与本合同具有同等法律效力。

本合同来源：政府采购网。

# 某市医学中心建设 PPP 项目合作意向书

**甲方：某投资集团有限责任公司（政府出资代表）**

**乙方：某基础设施投资集团有限公司（社会资本联合体牵头人）**

某市医学中心建设项目（以下简称“本项目”）是某市重大的民生工程，按照国家建设标准建设。甲、乙双方根据《中华人民共和国合同法》《中华人民共和国建筑法》《中华人民共和国政府采购法》及 PPP 项目相关法律、法规和政策规定，就本项目采购、建设、运营事宜进行协商，达成以下条款。

## 一、本项目概况

1. 本项目名称：某市医学中心建设项目。

2. 本项目建设内容及规模：总床位数 ×××× 张，总建筑面

积 ×××××$m^2$（地上建筑面积 ×××××$m^2$，地下建筑面积 ××××$m^2$）。其中，妇幼保健院 ××× 张床，建筑面积 ××××$m^2$（包括保健用房、住院用房、医技用房、辅助用房、行政用房等）；综合医院 ×××× 张床，建筑面积 ××××$m^2$；康复医院 ××× 张床，养老护理院 ××× 张床，建筑面积 ××××$m^2$；行政后勤楼 ×××$m^2$；教学科研用房 ×××$m^2$；地下停车库 ×××$m^2$。机动车停车位 ××× 个，其中地下车位 ××× 个，地面车位 ××× 个。

3. 合作模式：采用 PPP 合作模式。

4. 实施机构：某市卫生计生局。

5. 政府出资方代表：甲方。

6. 社会投资人：乙方。

7. 建设期：× 年。

8. 运营期：×× 年。

9. 总投资：暂定为 × 亿元（以某市审计局最终审定的项目投资额为准）。

## 二、合作模式

### （一）本项目采用 PPP 合作模式

1. 项目公司组建：甲方与乙方共同出资组建项目公司（SPV），甲方占股 20%，乙方占股 80%。双方按所持股比进行出资、筹集项目所需资本金及项目贷款等。

2. 项目资本金至少为项目总投资的 20%，项目资本金建设期不计息。

3. 运营期限：×× 年。

4. 付费机制：按某市政府批复《PPP 项目财政承受能力论证》《PPP 项目实施方案》执行。其中，年度折现率招标上限为 ×%，中标年度折现率与央行五年期以上基准利率的比率为中标

折现率 /4.9%=a，项目全生命运营期中，中标折现率随央行该档次基准利率的调整而调整，但比率 a 不变。

**（二）招投标及实力证明金**

1. 在签订该框架协议后，乙方须于 ×××× 年 ×× 月 ×× 日前足额交付 × 亿元“实力证明金”至甲、乙双方共管账户，该协议才生效。在此期间，若有其他投资人先于乙方打入“实力证明金”，则乙方放弃该项目合作，且甲方不承担任何违约责任。

2. 若乙方牵头的联合体为中标单位，则乙方注入的 × 亿元“实力证明金”不计资金成本且直接注入 SPV 公司作为注册资本金。

若乙方牵头的联合体未通过资格预审，甲方在资格预审结果公示后 × 个工作日内将 × 亿元“实力证明金”一次性全额退还乙方，不计资金成本；若乙方牵头的联合体未中标，甲方在预中标公示后 × 个工作日内将 × 亿元“实力证明金”一次性全额退还乙方。

3. 实力证明金到账后，甲方积极推动该项目 PPP 招投标，力争在 × 个工作日内完成。若未按期完成，甲方在 × 个工作日内将“实力证明金”退还乙方。

## 三、工程计价

如乙方牵头的联合体中标本项目，则本项目的建安费结算方式按以下方式执行。

工程结算采用《× 省市政工程计价定额》（2016 版）、《× 省建筑工程计价定额》（2016 版）、《× 省装饰装修工程计价定额》（2016 版）、《× 省安装工程计价定额》（2016 版）、《× 省园林绿化及仿古建筑工程计价定额》（2016 版）及相关概预算编制文件。由于暂无初步设计和概算费用，具体下浮比率按 × 省 2016 版定额，房建下浮 2%，市政下浮 5%，土石方下浮 12%，绿化下浮 20%，未明确的可以商洽。

建设期间，因人工、材料价格变化超过一定幅度时，进行调整。

①人工单价发生变化且符合 × 省或行政建设主管部门发布的人工费调整规定，调整工程造价。②建设期材料单价涨幅在基准价格 ±5% 以内时，不调整；材料单价涨幅以基准价格为基础超过 ±5% 时，其超过部分据实调整。基准价格是 × 省或行政建设主管部门或其授权的工程造价管理机构发布的信息价。

## 四、协议双方的权利及义务

1. 政府授权甲方为政府出资方代表，并履行出资义务。

2. 甲方负责项目的协调工作，包括解决征地拆迁等。

3. 乙方应按约定的合作方式按期足额交纳“实力证明金”。

4. 乙方牵头的联合体成员必须具备相应的业绩、资质、经验等，联合体成员中的施工单位必须具备建设三甲医院的业绩、资质且其项目经理具有三甲医院项目管理业绩以及相应的行业资质，具体以招投标文件及具体施工合同等为准。

## 五、违约责任

1. 由于甲方的原因导致不能全面履行本协议时，则甲方对乙方在本项目中投入的建设成本予以赔偿，该建设成本按审计结果计算。若乙方未中标是因甲方原因故意造成的，则甲方应向乙方支付“实力证明金”利息，利息从“实力证明金”打入双方共管账户之日起至转出之日起计息，利率按央行同期贷款利率计算。

2. 若乙方组成的联合体出现挂靠、违法分包、转包等行为，视为乙方违约。甲方有权解除与乙方组成的联合体签订的合同，乙方应向甲方支付 ×××× 万元赔偿。已完合格工程量按照本协议约定进行清场，结算金额下浮 20%，乙方组成的联合体应在工程结算后 × 个工作日内自动退场。

3. 若乙方组成的联合体未按时支付农民工工资及材料商材料款，

导致上访事件，一切后果均由乙方承担，单次处以 × 万元至 × 万元罚款（具体罚款金额视上访情节而定）。

4. 若因不可抗力因素造成协议双方无法继续履行本协议时，协议双方应友好协商解决且互不承担违约责任。

## 六、其他约定

1. 协议双方应根据本协议确立的原则迅速开展各自工作。该协议内容仅体现甲、乙双方的合作意向，对任何第三方（如联合体成员）不产生任何法律效力，不承担任何责任。具体以市政府批复通过的框架协议及 PPP 项目合同、项目公司股东出资协议、公司章程以及项目公司与社会资本方签订的施工总承包协议约定为准。

2. 本协议附条件生效，即乙方须于 ×××× 年 ×× 月 ×× 日前足额交付 × 亿元“实力证明金”至甲乙双方共管账户。如未按时足额注入“实力证明金”，则本协议不生效。

3. 本协议生效后，协议双方须共同遵守并执行本协议的各项条款。如本协议执行过程中发生争议，双方应协商解决。若协商不能解决，任何一方应当向本项目所在地有管辖权的人民法院提起诉讼。

4. 本协议一式两份，协议双方各执一份，具有等同法律效力。

（以下无正文）

| | |
|---|---|
| 甲方（签章）： | 乙方（签章）： |
| 法定代表人： | 法定代表人： |
| 或 | 或 |
| 授权代表人： | 授权代表人： |
| 地址： | 地址： |
| 传真： | 传真： |

# 某县中医院医养结合 PPP 项目实施方案（节选）

## 一、项目基本概况

某县中医院医养结合 PPP 项目（以下简称本项目）位于某县城新区中心位置，交通便利，计划分两期实施。一期为医疗中心项目，总用地面积约 × 万平方米，新建医疗中心总床位 ×××× 张，设计年接待门急诊号次 ×× 万。总建筑面积约 × 万平方米，总投资额约 × 亿元。二期是养老康复中心项目，拟建成具有中医特色“医养结合”的集医疗、养老、康复、护理、健教、养生于一体的中高档的综合养老社区，总建筑面积 × 万平方米，计划总投资暂定 × 亿元，其中二期项目的首期项目计划投资 × 亿元。

本项目拟采用 PPP 模式建设、运营。项目已被国家财政部确定为政府和社会资本合作示范项目。本实施方案主要适用一期项目及二期项目的首期项目。一期医疗中心项目已于 ×××× 年 ×× 月开工建设，预计 ×××× 年 ×× 月份正式投入使用。二期养老康复中心项目的首期项目，计划在 ×××× 年开始建设。

## 二、项目建设和运营内容

本项目一期医疗中心项目在工程完工后移交给项目公司运营，运营内容为除核心医疗以外的包括药品供给、医疗器具设备采购、物业、食堂、超市、停车场及其他后勤等方面的所有事务运营管理。二期养老康复中心项目由社会资本负责设计、建设和运营，项目采用 DBOT 模式，由政府方提出规模、时间、需求等项目建议和要求，由项目公司负责设计、可研、立项、招标及建设全过程，建设资金由项目公司负责。项目公司负责整个项目以及除一般医疗、日常护理、定期体检外的所有养老服务的运营管理。

## 三、风险分配基本框架

本项目按照风险分配优化、风险收益对等和风险可控等原则，综合考虑政府风险管理能力、项目回报机制和市场风险管理能力等要素，在政府和社会资本间合理分配项目风险，从而达到有效控制风险的目标。原则上，项目设计、建造、财务和运营维护等商业风险由社会资本承担，法律、政策和最低需求等风险由政府承担，不可抗力等风险由政府和社会资本合理共担。基于前述原则，结合本项目的实际情况，确定本项目风险分配框架，如附表 1–1 所示。

附表 1-1　　某县中医院医养结合 PPP 项目风险分配表

| 序号 | 类别 | 风险 | 产生原因 | 产生后果 | 解决方案 | 承担方 |
| --- | --- | --- | --- | --- | --- | --- |
| 1 | 政府层面 | 国有化 | 政府收回项目资产。 | 项目公司破产，项目失败。 | 如果必须强制收购，政府给予项目公司合理赔偿。 | 政府 |
| 2 | | 政府干预 | 政府无故干预项目的决策。 | 项目实施效率降低。 | 约定政府无故干预的责任。 | 政府 |
| 3 | | 政府信用 | 政府无故不履行或拒绝履行合同约定的责任和义务。 | 支付延期甚至终止。 | 政府可行性缺口补助。 | 政府 |
| 4 | | 政府官员腐败 | 指政府官员或代表采用不合法的影响力要求或索取不合法的财物。 | 项目公司在关系维持方面的成本增加，同时也加大了政府的违约风险。 | 加强群众的监督机制。 | 政府 |
| 5 | | 公众反对 | 由于政府单方面原因导致公众利益得不到保护或受损，从而引起公众反对，使得项目建设、运营造成风险。 | 工期延误或运营困难，可能需要重新谈判并修改具体合同条款，严重时导致项目终止。 | 做决策前站在公众的角度考虑，必须不危害公众利益。 | 政府 |

**续附表 1–1**

| 序号 | 类别 | 风险 | 产生原因 | 产生后果 | 解决方案 | 承担方 |
|---|---|---|---|---|---|---|
| 1 | 市场层面 | 通货膨胀 | 物价上涨。 | 成本增加。 | 按约定的调价方式相应调整药品以及其他服务产品的价格或政府差额补贴。 | 政府 / 项目公司 |
| 2 | | 市场需求变化 | 由于宏观经济、社会环境、人口变化、法律法规调整等其他因素使市场需求变化，而产生的风险。 | 市场预测与实际需求之间出现差异，项目收入减少。 | 政府与项目公司共同承担养老需求以及非医疗服务需求不足的风险。 | 政府 / 社会资本方 |
| 3 | | 第三方延误 / 违约 | 项目相关第三方不履行或拒绝履行合同约定的责任和义务而给项目带来直接或间接的危害。 | 工期延误，图纸交底不清，也可能引起成本增加。 | 获取第三方准确信息，招标挑选最合适的伙伴，并通过合同管理由第三方承担相应责任。 | 项目公司 |

续附表 1-1

| 序号 | 类别 | 风险 | 产生原因 | 产生后果 | 解决方案 | 承担方 |
|---|---|---|---|---|---|---|
| 1 | 项目层面 | 项目成本超支 | 由于管理经验不足等原因，项目成本超出预计额度。 | 项目利润下降。 | 加强项目管理。 | 项目公司 |
| 2 | | 管理风险 | 在项目的建设、运营及维护过程中，由于组织和管理问题而引起的各种风险及损失。 | 导致项目收益不足，在运营阶段出现各种损失。 | 选择具有良好的资质和管理经验的管理人员。 | 项目公司 |
| 3 | | 土地拆迁与补偿风险 | 由于政府原因，拆迁补偿超标，拆迁费不合理导致的风险。 | 前期成本增加，开工延误。 | 按照拆迁合同索赔。 | 政府 |
| 4 | | 设计不当风险 | 由于设计人员经验不足或理论知识不足，导致设计出现问题。 | 项目无法正常施工，导致延期或者成本增加。 | 获得设计担保或者买设计保险，设计招标。 | 项目公司 |
| 5 | | 项目完工风险 | 指项目无法按时完工、延期完工或者完工后无法达到预期标准的风险。 | 建设成本增加，工期延误。 | 竣工担保，进度报告，提前投入资本金，延期罚款。 | 项目公司 |
| 6 | | 安全风险 | 由于现场管理不善，导致现场出现安全事故。 | 项目成本增加。 | 出台安全管理制度，充分的监督监管。 | 项目公司 |

**续附表 1–1**

| 序号 | 类别 | 风险 | 产生原因 | 产生后果 | 解决方案 | 承担方 |
|---|---|---|---|---|---|---|
| 7 | 项目层面 | 供应风险 | 服务于项目的各种配套设施以及药品的供应短缺、供应不及时，这些都给项目带来损失。 | 会影响项目正常运行。 | 与医疗设施供应商以及药品公司签订长期供应合同。 | 项目公司 |
| 8 | | 工程变更 | 由于业主、设计、施工等原因，导致施工方案进行的在材料、工艺、功能、功效、尺寸、技术指标、工程数量及施工方法等任一方面的改变。 | 建设成本增加，或工期延期。 | 签订工程变更协议。 | 项目公司 |
| 9 | | 政府支付风险 | 政府无故未按时支付租金和可行性缺口补助。 | 影响项目现金流，严重时导致项目失败。 | 明确核心医疗部分政府购买服务费用的来源和支出专向特征。建立补贴特别账户。 | 政府 |
| 10 | | 项目移交风险 | 项目设施维护不充分。 | 项目设施维护不周，移交后影响使用。 | 仔细检查维护设施，做好绩效考核。 | 项目公司 |

续附表 1-1

| 序号 | 类别 | 风险 | 产生原因 | 产生后果 | 解决方案 | 承担方 |
|---|---|---|---|---|---|---|
| 1 | 因不可抗力导致的风险 | 自然灾害 | 包括洪水、风暴、地震、雷击火灾等。 | 项目失败。 | 购买保险。 | 政府 / 项目公司 |
| 2 | | 政策风险 | 国家宏观政策发生变化而产生风险。 | 项目提前终止。 | 政府对项目公司适当补偿。 | 政府 / 项目公司 |
| 3 | | 社会异常事件 | 战争等。 | 项目失败。 | 购买保险。 | 政府 / 项目公司 / 保险公司 |

## 四、项目运作模式

### （一）交易结构

本项目拟由某县政府授权某县国有公司作为政府出资人并授权其与拟引入的社会资本共同出资成立一期医疗中心项目公司（SPV1）和二期养老康复中心项目公司（SPV2）。某县政府与两个项目公司分别签署 PPP 项目特许经营协议。

#### 1. 项目具体运作模式

一期项目为医疗中心项目，采用移交 - 运营 - 移交模式（TOT 模式）。已开工建筑、装饰工程仍由原报建、代建及施工单位负责，工程竣工验收通过后经政府协调直接转让给政府与社会资本共同出资设立的项目公司（SPV1），合作期限暂定 ×× 年。已投资本息按审计价由 SPV1 按实支付。在项目运营期间内，由某县中医院负责核心医疗部分的运营及管理，政府基于绩效考核支付政府购买服务的费用；由 SPV1 负责非核心医疗部分的运营并取得相应的收入。特许经营期结束后，由 SPV1 按既定的移交标准向政府方指定的部门移交。

二期养老康复中心项目拟采用设计－建设－运营－移交模式（DBOT 模式），政府提出规模、时间、需求等项目建议和要求，政府与社会资本共同出资设立项目公司（SPV2）。由 SPV2 负责设计、可研、立项、招标及建设全过程，建设资金由 SPV2 筹集、支付。合作期限暂定 ×× 年。项目的设计、建设、运营均由 SPV2 负责。项目主要采取使用者付费方式获得收入；同时，政府基于绩效考核的标准，拟给予 SPV2 一定年限内的政府可行性缺口补助。政府指派某县中医院作为该项目的医疗服务支撑单位，必须为该项目的正常运营提供相应的医疗服务，SPV2 根据双方协议的优惠价格结算服务费用。特许经营期结束后，由 SPV2 按既定的移交标准向政府方指定的部门移交。

**2. 项目付费**

一期医疗中心项目，SPV1 通过非核心医疗部分的运营管理（包括药品供给、医疗器具设备采购、物业、食堂、超市、停车场及其他后勤事务等）从使用者方面获得运营收益以及政府基于绩效考核的政府购买服务获得收益。二期养老康复中心项目，待项目建成之后，SPV2 通过运营管理从使用者方面获得运营收益；同时，政府为促进和保障二期养老康复中心项目的健康运营，拟基于绩效考核的标准，在项目运营的一定期限内给予 SPV2 政府可行性缺口补助。项目公司以包含但不限于以上的收入和补助收回成本，并获得一定额度的回报。

**（二）投融资结构**

一期医疗中心项目总投资约为 × 亿元，二期养老康复中心项目首期项目投资暂定 × 亿元，资金主要来源于两方面。

一期项目资本金约占 SPV1 总投资 × 亿元的 ×%，即 × 亿元。社会资本按照股份比例以货币方式出资，政府方以货币或实物资产出资。二期养老康复中心首期项目资本金的出资比例、出资方式、出资程序与一期项目类似。

一期项目，项目公司向银行融资 × 亿元，二期养老康复中心首期项目的投融资结构与一期类似。

## 五、项目收益与回报机制

### （一）项目收益率

通常采用财务内部收益率（IRR）指标衡量 PPP 项目投资回报水平，城市基础设施和公用事业特许经营项目中，行业内投资人所要求的项目财务内部收益率一般在 8% ~ 12%。本项目通过充分竞争，财务内部收益率可望控制在 9% 左右。项目配套资金的成本力争最低，最高不超过同期人民币贷款基准利率的 × 倍。

### （二）项目调价机制

本项目调价机制分两部分内容。

#### 1. 初始调价

社会资本根据估算的投资额进行测算并最终报价。政府与社会资本确定项目总投资与付费调整的计算公式，并根据最终经审计的投资额重新计算政府购买服务费用及财政补贴。

#### 2. 运营期调价

根据《基础设施和公用事业特许经营管理办法》要求，特许经营项目价格或收费应当依据相关法律、行政法规规定和特许经营协议约定予以确定和调整。

## 六、合同体系

本项目选定社会资本阶段涉及的法律协议主要包括《合资协议》与《特许经营协议》。

### （一）《合资协议》

《合资协议》由某县人民政府授权的国有公司与社会资本签订，双方共同出资组建合资公司，并规定合资双方的基本权利义务、合资公司的基本运作方式以及合资公司的法人治理结构等关键内容。

### （二）《特许经营协议》

《特许经营协议》明确项目资产权属、社会资本承担的公共责任、政府支付方式、风险分配结果、项目合同期限、项目回报机制、收费定价调整机制、产出说明、强制保险方案、履约保函体系、应急处置、临时接管和提前终止、合同变更、合同展期、项目新增改扩建需求等应对措施、项目公司运营维护责任义务、约定移交形式、补偿方式、移交内容和移交标准。

## 七、社会投资者的选择

略。

## 八、财务测算

略。

资料来源：财政部 PPP 中心。

# 参考文献

[1] 陈玮，廖雯颖，马云云，等．青岛烟台威海试点国家级医养结合 [N]. 齐鲁晚报，2017-06-14（6）.

[2] 樊华．沈阳六成养老服务机构实现“医养结合”[N]. 沈阳日报，2017-06-14（9）.

[3] 曹健．PPP 模式下的英国医疗投资 [J]. 中国卫生，2017 (5) .

[4] 李璐．养老服务机构的道路选择——公办、民办养老服务机构生存状况对比分析 [J]. 中国机构改革与管理，2014（1）.

[5] 李苑．医养结合产业需求快速释放 PPP 模式或开启一片蓝海 [N]. 上海证券报，2016-06-07（18）.

[6] 于新循．论我国养老服务业之市场化运行模式及其规范 [J]. 四川师范大学学报（社会科学版），2010（1）.

[7] 姜向群，丁志宏，秦艳艳．影响我国养老机构发展的多因素分析 [J]. 人口与经济，2011（4）.

[8] 阎青春．我国养老机构发展中存在的主要矛盾及解决建议 [J]. 中国民政，2007（7）.

[9] 杨莉．武汉市民办养老院发展现状调查及对策建议 [J]. 社会保障研究，2011（3）.

[10] 李颖．公办养老机构医护人力资源问题与对策 [N]. 中国社会报，2012-11-23（5）.

[11] 管清友，唐川 .PPP 养老模式推行正当时 [N]. 中国财经报，2016-05-12（5）.

[12] 张晶晶．养老机构公建民营：契机与隐忧 [J]. 中国社会工作，2014（29）.

[13] 王雪辉．养老机构公建民营运作模式探析 [J]. 行政管理改革，2016（8）.

[14] 邢立萍．PPP 在医疗行业的应用 [N]. 东方早报（上海），2015-04-21（9）.

[15] 尤元文，何小华．浙江桐庐：养生福地诉说健康故事 [N]. 中国改革报，2016-03-02（9）.

[16] 莫莉．医保结合养老模式：海外有哪些成功做法？ [N]. 金融时报，2017-04-

06（16）.

[17] 耿爱生，王珂 . 英国“医养结合”的经验与启示 [J]. 华东理工大学学报（社会科学版），2016（05）.

[18] 冯剑梅. PPP 模式下的政府投资项目融资模式 [J]. 合作经济与科技，2009(1).

[19] 贾康，孙洁 . 公私伙伴关系模式的特征与职能 [J]. 经济纵横，2009(8).

[20] 张继峰. PPP 项目融金术：融资结构、模式与工具［M］. 北京：法律出版社，2017.

[21] 徐君，武东霞 . 国外“医养结合”养老模式的特点及其经验启示 [J]. 护理管理杂志，2017（03）.